潜入ルポ

経験学歴不問の職場で働いてみた

TETSUJINSYA

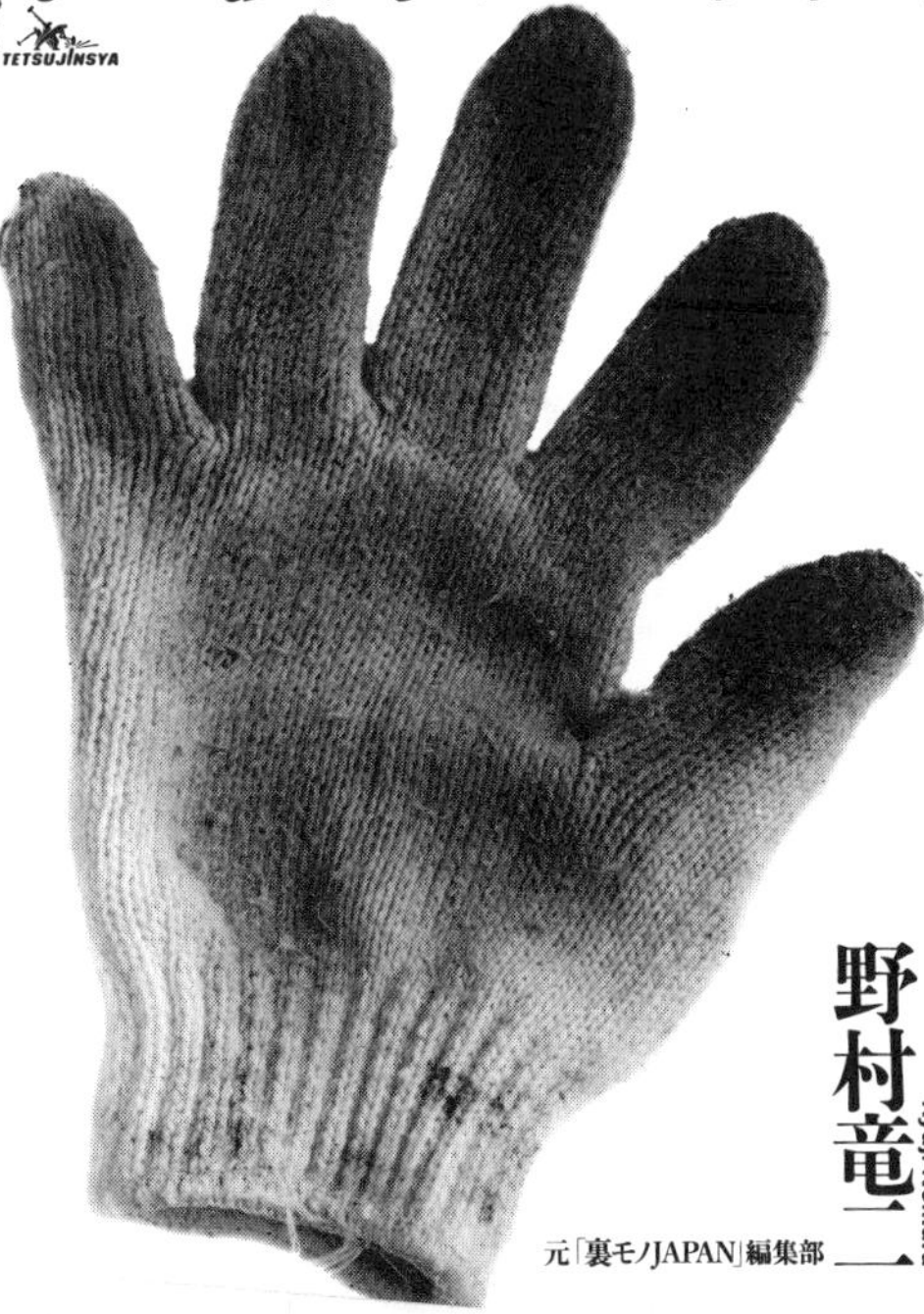

野村竜二
Ryuji Nomura
元「裏モノJAPAN」編集部

まえがき

本書は、世の中の様々なお仕事に従事した潜入体験ルポルタージュである。だからといって、社会派な内容ではないのでご安心を。なにせ登場するのは、主に肉体労働系の胡散臭い仕事ばかりだ。

ピンサロ従業員、ビデオボックス店員、産廃処理業者、新聞拡張団などなど……ちょっと気になる、でも実際に働くのは怖い、そんな仕事をチョイスしている。求人募集もスポーツ新聞の三行広告やバイト情報誌、手配師といった方法を利用、スマホ片手にバイトを探す現代からは考えられない時代錯誤っぷりである。

私は現在29才。平成生まれ世代にはそのローテクな仕事の数々はむしろ新鮮に映るし、年長者の方々は、懐かしい気持ちを覚えるのではあるまいか。「ああ、令和の日本にまだ残っていたのか」と。

テレワークが叫ばれる現代においても、世の中それほど進歩していない。特に肉体労働の現場は、いまだに汗をかいて泥にまみれて生活する人が多くいるのだ。中でも、産廃業者で一緒に働いた60代の男性のセリフが印象に残っている。

休憩中に、なぜこの仕事を続けるのか、と聞いてみたときの返答だ。

「もうガタがきてるけどよ、他に身体一本で稼げる仕事もねえからしょうがねえよ。家族とかお国の厄介にもなりたくないしな」

そう、彼の職場は経験学歴不問なのだ。

実は今回の取材先は私・野村竜二が本当に働きたい仕事だけを選んだ。不景気真っただ中の昨今、リストラや倒産で路頭に迷う危険は常にある（鉄人社だって怪しいものだ）。いざというとき、体一つでその日から働ける職場を知っていたら、こんなに頼もしいことはない。

では、経験学歴不問の職場ではいくら稼げるのか、どれだけきついのか。他にも知りたいことは山ほどあるが、実際に働かないと中身はわからない。ならば、現場に飛び込んで調べるしかない。読者の皆様の参考にもなるだろうし。


話を戻そう。

本書の取材で出会ったのは、誰にも迷惑をかけずに生きていきたい、独立独歩な方々だった。

ぜひとも、そんなオッサンたちと一緒に働いた〝汗臭い現場〟の空気を味わってみてください。

第2部 今すぐ雇ってもらえる〝稼げる仕事〟

※本書の情報は「裏モノＪＡＰＡＮ」掲載当時のものです

第1部

働いてみた

いま、手配師はどんな仕事を紹介してくれるのか？

高田馬場編

ネットで簡単に仕事を見つけられるこの時代にも、早朝の繁華街の駅にはまだ「手配師」がいるという。

いったい、彼らはどんな仕事を紹介してくれるのだろうか。

「一件だけ拾ってくれる飯場があったぞ」

平日の早朝5時過ぎ、高田馬場駅の戸山口を訪れた。職を求めてそうなオッサンたち

『裏モノJAPAN』2019年3月号掲載

は見当たらない。

心配になりながら周囲をブラブラと歩いていたら、すれ違いざまにオッサンから声をかけられた。

「おう、兄ちゃん仕事かい?」

手配師のオッサン。
紹介一件でどれくらいの金になるんだろう

おっと、来たぞ。

「はい。探してるんですけど、ぜんぜん人がいなくて…」

「まあ、日によってばらつきはあるな。現金がいいんだろ?」

「はい。すぐにお金が欲しいですね」

「現金」というのは当日即払いの仕事のことだろう。

「現金はねえな。ただ飯場の方ならあるかもしれん。安全靴と作業着は持ってるか?」

「飯場」というのは、寮に入って数週間から数カ月働き続ける仕事だ。こちらは拘束される時間が長いし、人間関係が煩わしいので敬遠する人が多いんだと。

「いえ、持ってないです」

「それだと難しいな。でも兄ちゃんは若いからな。ちょっと電話するから待っててな」

そう言い残して、どこかに電話をし始めるオッサン。仕事の空きがないか探してくれてるようだ。

数分後、ニコニコしながら俺の方に戻ってきた。

「おう、一件だけ拾ってくれる飯場があったぞ。お前が若いからって承諾してくれた」

この場所で待っているように言われ、すぐに手配師はどこかに行ってしまった。

「あそこにいる連中は人間のクズばかりだ」

30分ほど経ったころ、黒塗りの高級車が目の前に停車した。ドアが開き、グッチのスウェットを着て日焼けした男が降りてくる。

「あ、お前？　ウチは1日8千円だけど大丈夫？」

「はい。がんばります」

「じゃあ先に車乗ってて」

ヤカラのようなしゃべりにビクビクしながら後部座席に乗り込む。そこに、さっき仕事を紹介してくれたオッサンが自転車で駆け寄ってきた。二人でタバコを吸いながら雑談をしている。ドア越しなので話の内容まではわからないが、手配師がペコペコしているのを見る限り上下関係があるようだ。

「うっし、そろそろ行くか」

男の一言で出発することに。どこに行くのだろう。下手すりゃ到底逃げられない山奥のタコ部屋まで連れていかれてしまう可能性もある。今更ながら緊張してきた。

「お前なんであんなとこにいたんだ？」

ぶっきらぼうに話しかけてきた。適当にウソをつくしかない。

「えと、カードの支払いに困ってたので緊急でお金が必要なんです」

「ふーん、あんま慣れてないようだから教えてやるが、あんな場所で仕事を探してたらダメだ。あそこにいる連中は人間のクズばかりだ」

「はあ」

「はっきりいってホームレス同然のゴミ。死んだ方がマシなんだよ。虫ケラだよ、虫ケラ」

次から次へと強烈な罵詈雑言が飛び出した。

「なにかあったんですか？」

「昨日、ここで拾ってやった男がトンコしやがったんだ」

トンコ？　トンコってなんだ？　初めて聞く言葉だぞ。

「ああ、飛ぶってことだよ。昨日の明け方、寮から逃げたらしい。だから、今日は代わりにお前を拾いにきたんだよ」

ええ、寮から逃げ出したくなるってどんだけツライ仕事なんだろう。しかも、そいつの身代わりって。なんだか滅入るなあ。

「とりあえず、寮に案内するから。そこで詳しい説明を聞きな。ま、ゆっくり慣れていけばいいから」

車は2時間以上かけて北上し、朝10時過ぎに、目的地に到着した。カーナビの住所を盗み見たところ、埼玉県の鴻巣市という場所にいるらしい。

スマホでグーグルマップを起動する。どうやら市街地の鴻巣駅から徒歩30分ほどの場所であることがわかった。ところでまだ仕事の内容を一切教えてもらってないのだが大丈夫だろうか。

仕事がない日でも宿泊代はかかるのかよ

寮はかなりボロイ一軒家だった。男子寮特有のカビ臭い、運動部の部室みたいなニオイがする。

部屋の奥のソファに案内された。そこには恰幅のいい白髪老人が座っている。この人が説明してくれるようだ。

「社長の竹内といいます。とりあえずこの紙を書いてくれるかな」

渡されたのは履歴書だ。急いで住所や連絡先を記入する。

「あ、携帯もってるんだ」

「ええ、まあ」

「それなら安心だね。採用でいいよ」

携帯を持ってれば採用って、どれだけ楽勝なのよ。

「とりあえず、今日は仕事がないからゆっくり休んで。

寮に到着

あてがわれた個人部屋がこれ……

明日からお願いね」

　さっそく働くものかと思っていたが、そうでもないらしい。

「じゃあ、部屋に案内するよ」

　社長の案内で急こう配の階段をミシミシと音を立てて上る。今にも崩れそうなくらいボロい。

「ここを一人で使っていいから」

　6畳の和室で障子が何枚も破れている。畳もシミだらけで布団も汚い。劣悪な環境ではあるが、相部屋よりはマシかもな。

「昨日、逃げた奴のシャンプーやら衣類やらは、勝手に使っていいから」

「わかりました」

「ああ、大事なことを忘れてた。うちは寮費が1日千円かかるから、それを先にもらえる？」

仕事がない日でも宿泊代はかかるのかよ。世知辛いなあ。

しかも寮費は取るくせにメシは出ないので、自炊するかコンビニまで買い出しにいかなくてはならないとのこと。仕方がないので往復40分の道を歩き、最寄りのコンビニへ弁当を買いにいく。面倒なので昼と夜の二食分だ。

「疲れるダメです。でも、寒い一番ダメ」

コンビニから寮に戻ると、台所でタバコを吸っている青年がいた。彼も今日は休みなのかも。話しかけてみよう。

「お疲れ様です。今日はお休みですか？」

「ウン、ソウデスネ」

あれ？　片言の日本語だぞ。外国人だろうか。

「どちらの出身ですか？」

「ハイ、2年前、ベトナムのホーチミンから来ました」

一昨年、日本にやってきたグエンさん。7カ月前からここの寮で働いているんだと。

遠い国からやってきて大変だな。

「一緒に3人と来た。だからがんばってます」

ベトナムの同じ町から友達同士3人で日本にやってきて、一緒にここで働いているらしい。

「仕事には慣れましたか?」

「ダメ、疲れるダメです。でも寒い一番ダメ、慣れない」

なんでも、肉体労働の辛さよりも寒いことが耐えられないんだそうな。たしかにベトナムに比べたら日本の冬は極寒だろうな。

部屋に戻り一人寂しく昼食を食い、横になっていたらウトウトしてきた。少し寝よう。

コンコンコン。

はるばるベトナムからご苦労様です

ドアをノックされる音で目が覚めた。時刻は18時。部屋の外にはグエンさんが立っていた。

「スミマセン。ちょっと来てください」

なんの用だろう。訝しげに思いながら1階の台所に行く。そこにはグエンさんとは別のベトナム人がいた。

「スミマセン。これお願いできますか？」

手渡されたのは宅配便の不在連絡票だ。どういう意味だ？

「ボク、携帯ない」

状況から察するに荷物の再配達をお願いしてるってことらしい。この寮は電話も貸してくれないのか。配送センターに連絡して、夜に荷物が届くように手配してやった。

「何を買ったんですか？」

「ヌクマムです」

「なんですか、それ？」

このタイミングで社長が会話に割り込んできた。

「おい、また、くっせえヤツ買ったのかよバカ」

ヌクマムとはニオイが強烈なベトナムの調味料らしい。あまりにクサイので社長はイライラしているご様子だ。

「これで最後にしろよな。まったく、クサくて夜も寝れねえよ」

文句を言われても、グエンさんたちは無表情だ。もう社長の嫌味には慣れているのかも。

「ああ、それとな明日の仕事はなしになったから。よろしくな」

え？　仕事がなしってどういうことだ？

「だから、今日と同じく待機ってことだよ。それじゃ」

社長はそう言い残して部屋に戻っていった。

ベトナム人いわく、ここの仕事は多くても週に4回ほど。直前にキャンセルになることも多いらしい。しかも仕事がなくても寮費は払うので、ほとんどお金が貯まらないんだと。これでは潜入した意味がない。

翌日の早朝、バレないように寮を抜け出し鴻巣駅までダッシュで逃げた。トンコだ、トンコ。

コキ使われるのは容易に想像できる

次は飯場に連れて行かれないように、即日即金の現金仕事だけを狙う。と意気込んで高馬場周辺をブラついていたら、さっそく一人の手配師に声を掛けられた。前回とは別の男だ。

「兄ちゃん、仕事か？」

このセリフが手配師たちのテンプレートのようだ。

「はい。現金を探してるんですけど」

「うーん、最近、現金の仕事はかなり減っちまってるからな」

どの手配師も言うことは同じなんだな。渋い顔をしている。

次に声をかけてきたのはこの手配師

「アンタ、身分証と電話はあるか？」
「はい。どちらもありますよ」
「おう、それなら給料は安いが、一応仕事はあるぞ。とりあえず川崎駅に向かってくれ。着いたらこの番号に電話しな」

交通費と雇い主の電話番号の書かれたメモを渡されて、俺は電車に乗った。にしても、なんで身分証が必要なんだろう。不思議だ。

朝の8時過ぎ川崎駅の東口に到着。渡されていた番号に電話をかけると、若い男性の声が聞こえてきた。手配師の紹介であることを告げると、待ち合わせの場所を指定され、10分で迎えにくるとのこと。

「これからお仕事の方ですか？」

待ち合わせ場所で声をかけてきたのは、茶髪でメガネの40代男だ。普通のリーマンっぽい風貌で一安心だ。

「じゃあ、こちらの車にどうぞ」

乗せられたのは日産のキューブ。一般的な乗用車で拍子抜けだ。中には40代らしき先客が1人いた。彼も俺と一緒に働く仲間だろうか。挨拶しておこう。

「はじめまして！　ノムラといいます。よろしくお願いします」

「ああ、はい、どうも」

頼りなさげな雰囲気だけど、大丈夫だろうか。

「じゃあ、出発しますね」

車が動きだした。どこに連れていかれるんだろう。内心ドキドキだ。カーラジオが流れる車内で、仕事に関する説明が始まった。

「お二人とも身分証はお持ちですよね？」

後部座席の俺たちが同時に頷く。

「これからお二人が行くのは、佐川急便の物流倉庫になります。向こうで契約書を書いてもらうので、すぐに確認できるよう準備しておいてください」

ふーん、手配師が紹介するのは、土木や建築ばかりだと思っていたので意外だ。大企業が雇い主だから、日雇いでも身分証が必須なのかもしれない。

「業務の内容については、現地の担当者の指示に従って動いてもらうので心配しないでください」

仕事の説明はたったこれだけ。コキ使われるのだけは容易に想像できるな。

数分の移動で車窓の景色は徐々に変わっていき、気が付けば工場や倉庫が目立つようになった。いわゆる京浜工業地帯だ。

車はそのまま突き進み、海底トンネルをくぐって東扇島にやってきた。周囲に民家は一軒もなく、バカでかい工場だらけ。近くの海岸には巨大なコンテナ船が停泊しているのが見える。すごいトコに連れてこられたもんだ。

「口じゃなくて手を動かせ!」

そうこうするうち、車は目的の倉庫に到着した。10tトラックが頻繁に出入りしていて、見渡す限り段ボールが積まれている。そこに、職員の男が走ってきた。

「とりあえず契約書を書いてもらうから、身分証明書を用意してこっちにきて」

男の案内で書類を記入し、さっそく準備をすることに。

「じゃあ、荷物をこのカゴの中いれてください。スマホとか財布とかも全部ね」

速やかに荷物をまとめてから、空港にあるような金属探知機のゲートをくぐる。倉庫内に入れるのは身一つだけのようだ。おそらく

工場しかないし!

や、配送の荷物を盗まれないための配慮だろう。かなり厳重なセキュリティだ。

「じゃあ、さっそくで悪いんだけど、トラックが来たから向こうに行ってくれるかな」

　そこにはパレットの上にうず高く積まれた段ボールが。これを荷台の中のトラック運転手に渡す作業が始まった。

　段ボールの重さは20キロ程度なので、それ

これを運ぶのがしんどいこと!

ほど重たいわけではないのだが、積まれてる高さが尋常じゃない。両手を伸ばしてギリギリ届く場所にあるので何度か運ぶだけで腕がプルプルしてくる。

少しでもテンポが遅れようものなら、運転手から「オイッ」と怒号が飛んでくる。真冬なのに汗がダラダラ流れてきた。

これを10ｔトラックがいっぱいになるまで続けるんだから、もうたまらない。

しかも中身は精密機械らしいので、少しでも雑に運ぼうものなら、これまた「オイッ」と怒号が飛んでくる。はあ、もうしんどい。

ようやく、1台のトラックを満杯にしたところで時計を確認。まだ業務開始から30分ほどしか経っておらず愕然とした。マジかよ。

小休止を挟んでいたら、別のトラックが倉庫に入ってきた。

「はい、次はあのトラックにお願いしま〜す」

ウソだろ、これがずっと続くのかよ。気が重いったらありゃしない。なんとか踏ん張ってもう一台のトラックに段ボールを積み込む。だんだん握力が弱くなってきた。

運転手から文句が飛んでくる。

「おい、お前おせえぞ！」

「すいません！」

「口じゃなくて手を動かせ！」

フラフラになりながら、運び続ける。段ボールを移動させるために作られたマシーンになった気分だ。

でも考えるのをやめて、無心で積込んでいたら思ったよりも早く荷台が満杯になった。

この仕事の秘訣は余計なことを考えないことだな。

「この現場は割と楽な方ですよ」

2台目の積み込みを終え、10分間の休憩が与えられた。一緒の車に乗ってきた男性に話しかけてみる。

「これ、かなりしんどいですね」

「ええ、でも午前中だけですよ」

「というと？」

「業務開始の時が一番体力があるので、ツライ仕事を回されるんですよ」

何度かここで働いたことがあるような口ぶりだ。ベテランなのかも。

「今までもここで働いたことがあるんですか？」

「えっと、この倉庫は4回目くらいかな」

彼はこの近辺の倉庫で同じような仕事をしているんだと。そりゃ息が上がってないわけだ。

「この現場は割と楽な方ですよ」

ウソでしょ。こんなにしんどいのに。

「じゃあ今までで、一番しんどかったのはどこですか？」

「やっぱり夏は大変でした。脱水症状になりましたよ」

以前ダイソーの積み荷をしたときは本当にしんどかったそうな。猛暑の影響で荷台の中は40度をゆうに超えるサウナ状態。しかもワレモノなので慎重に運ばなければならず苦労したとのこと。たしかに、その話に比べればこの現場が楽に思えてきた。

昨年の11月に死人が出た

10分休憩の後も積み込みの作業に回されたが、最初よりは作業に慣れ始めたようで、運転手に怒られることもなく、なんとか終えることができた。

気が付けばお昼休憩の時間だ。

午後からは軽めで良かったぁ

倉庫の2階にあるだだっ広い休憩スペースに、総勢50名ほどの職員が集まっている。

女性の職員も全体の2割ほどいるようで、みな和気あいあいとした時間を過ごしている。ただし、俺と同じように倉庫で積み込み作業していた男たちは机に突っ伏している。その気持ち、痛いほどわかるぞ。

例のベテラン氏は余裕があるようで、一人おにぎりをほおばっている。俺、食欲なんか残ってないよ。

「すごいですね。メシ食う元気すらないですよ」

「いやいや、ここで食べておかないと後でツライですよ。休憩後は危ないですから」

「ん？　どういう意味ですか？」

「あまり大きな声では言えないんですけど、去年の11月にどっかの倉庫作業で人が亡くなってるんですよ」

は？　あまりに突飛な話で理解が追い付かない。まさか人が死ぬだなんて。なにが原因だったのだろう。

「人から聞いた話では、お昼休憩のあと30分くらい作業していたら突然倒れたみたいです」

他の従業員が見てる前で倒れたので、すぐに救急車を呼んだものの、到着する前に心肺停止してしまったという。にわかには信じられないが、あのツライ作業をした後では、亡くなるのも無理ないと思えてしまう。

「それから冬でもこまめに水分補給させるようになったみたい」

なるほど、さっきの10分休憩もその一環なのかもしれないな。

あっという間に昼休憩は終わり、午後の作業が始まった。ベテラン氏の言うとおり、午後の作業は肉体的には楽だった。

ローラーコンベアの上を流れてくる荷物を指定のカゴ車に置き続けるだけだ。配達先の地域ごとのカゴに振り分けていくのだが、スピードがゆっくりなので、ちんたら歩きながら作業できた。

しかし、単調な作業ゆえに時間が進むのがやけに遅く、何度も時計を見てはイライラするハメに。精神的にはかなりしんどい。

同じ作業を延々繰り返すこと5時間。ようやく終業となった。

終わったころには、腰が砕けそうなほどの激痛で、お辞儀をすることができなくなるほど。はあ、早く金をもらって帰ろう。

「お疲れ様でした！　どうぞ！」

茶封筒に入っていたのはきっかり7千円。労働時間は7時間なので、時給は千円だ。

高いか安いかは読者の判断に任せるが、俺はもう絶対にやりたくない。

金を稼ぐって大変なんだな

編集ノムラ、何を血迷ったかビデオボックスで働く

『裏モノJAPAN』2019年5月号掲載

ビデオボックス。受付でアダルトビデオを借りて、個室で自慰行為に耽るための施設だ。こんな説明をせずとも裏モノ読者なら、誰でも一度はお世話になった経験があるだろう。先日、俺も終電を逃したときに利用したのだが、そのとき部屋の中にある求人募集の張り紙が目に留まった。

『入社祝い金10万円！』
『寮完備！』
『時給１５００円も可！』

なんだか良さげな条件のオンパレード。どれも本当かどうか怪しいけど。

物は試しだ。記されたフリーダイヤルに電話をかけて面接の日程を決めてやった。もし、楽勝だったら転職しちゃおうかしら。

ハッキリ受け答えができれば採用

面接に案内されたのはいたって普通のオフィスビルだ。緊張しながら中に入るとスーツ姿の男性に声をかけられた。

「面接の野村君だよね？　待ってたよ。さ、こちらにどうぞ」

ハゲ頭で優しそうなオジサンが満面の笑みで出迎えてくれた。

「では、こちらに座って履歴書を出して待っててね」

「は、はい」

案内されたテーブルには先客がいた。40代と思しき丸坊主でネルシャツ姿の男性だ。この人と一緒に面接を受けるらしい。

「それでは面接を担当します。人事課の高橋（仮名）です。よろしくお願いします」

聞かれたのは、勤務可能な時間、休日出勤できるか、最初の時給は1000円だが大丈夫か、などなど、一般的なアルバイトの面接と変わらない。落とされちゃ困るので、明日から毎日出勤できることだけを伝えておいた。

面接開始から30分後。高橋さんの口から驚きの一言が発せられた。

「はい。とりあえず以上ですね。お二方ともハッキリと受け答えができてますので大丈夫だと思います」

ん？　大丈夫ってどういう意味だ？　採用ってことか？

「ええ、詳しい結果は後ほどお電話しますが、ひとまず安心し

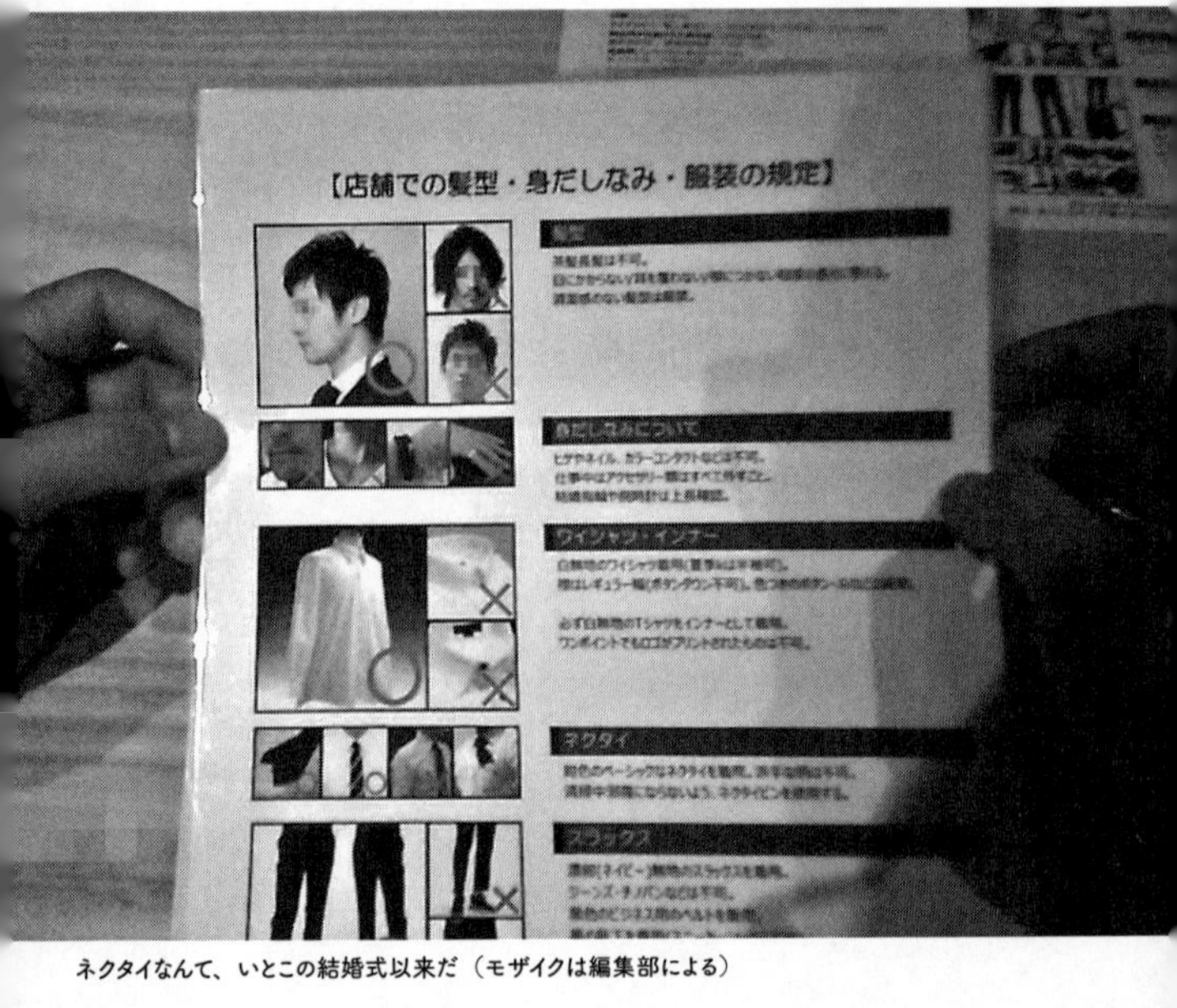

ネクタイなんて、いとこの結婚式以来だ（モザイクは編集部による）

ていただいて構いません」

大した話もしてないのに、受け答えができるだけで採用って、どんだけユルいのよ。

思わず苦笑いしていたら、俺の表情を汲み取って高橋さんも笑っている。

「あはは。まあ、そんなことができない方もいらっしゃいますからね…。一応ですよ。一応」

なるほど。当たり前のことができない人間を振り落とすための面接ってわけか。

「ところで、お2人は当店を利用したことはありますか？」

2人とも同時にうなずいた。使ったこともないのに応募する奴なんかいるのだろうか。

「それならおわかりかと思いますが、当店の従業員はワイシャツにスラックスとネクタイと服装が決まっております」

確かに店のスタッフ全員がそんな恰好をしていたような気がする。

「なので次回までに、それらを用意しておいてほしいのです」

そう言いながら、「店舗での身だしなみ・服装の規定」と書かれた紙を配り始めた。

そこにはスラックスの色や丈の長さ、はてはワイシャツの下に着るインナーまで厳しく指定がある。こいつはかなり面倒くさいぞ。

「いつ何時でもヘルプに行くことができるように、この規定の服装で働いているんです」

そう自慢気に語る高橋さん。人事課の人間が店舗にヘルプに行くってことは、人が足りてないんじゃないか？　激務の予感がビンビンするぞ。

「では、面接は以上になります。ありがとうございました！」

面接終了から1時間ほどで携帯に連絡があり、正式に採用が決定した。勤務地は新宿区歌舞伎町。俺、本当にやっていけるのだろうか。

お客様は神様って言葉は真理だから

面接の翌日、朝10時に本社を訪れた。店舗に行く前に事務手続きしなくてはいけないようなのだ。

すでに俺と同じような格好をした2人の男がテーブルに座り何かを書いている。

そこに面接を担当してくれた高橋さんがやってきた。

「はい。それじゃ他の人と一緒に、こっちで契約書を書いて」

昨日のような笑顔はなく、淡々と指示している。あんなに優しかったのに今日はピリピリしてるな。

素早く席に着いて、言われたとおりに書類を記入する。

「はいはい。今日から給料が発生しているので急いでくださいね」

ああ、それが理由でピリピリしていたのか。昨日とはちがってお客様扱いはしてくれないようだ。

ペンの走る音だけが響く中で一人の中年男性が口を開いた。俺の対面に座る新入社員だ。

「あのう、トホってどういう字でしたっけ？」

すぐに高橋さんが反応する。

「は？　どういうこと？」

「駅から自宅までのトホってどうやって書くんでしたっけ？」

どうやら「徒歩」という漢字がわからないらしい。イラつきながら高橋さんが答える。

「あー。もういいよ。ひらがなで書いといて」

「えへへ、すみません」

漢字がわからないこと以上に、このピリついた状況で自分で調べもせずに、イラついてる人事に聞くなんて理解できない。普通は怖くてできないぞ。

俺を含めた3人が書き終えたところで、配属先の店舗に関する説明が始まった。これから、各々が店に行って、午後から本格的に仕事を始める予定らしい。俺の場合は高橋さんが連れ添ってくれるとのこと。

「お店に入ったら、大きな声で挨拶しなくちゃダメだよ。そのためにこれを復唱してくれるかな？」

一枚の紙を示された。そこにはこう書かれている。

『はじめまして！　本日入社しました○○です。どうぞよろしくお願いします！』

こんなもん、わざわざ復唱しなくても自然と言える気がするのだが。命令なら仕方ない。腹に力を入れて叫ぶ。

「はじめまして！　本日入社しました野村です。どうぞよろしくお願いします！」

「うん。バッチリだね！　これでイジメられることはないと思うよ」

えっ？　挨拶の声が小さいだけでイジメられることがあるの？　すっごく心配なんだけど。

「それじゃあ次は9大接客用語を復唱してください」

結局、10分ほどの声出し練習を済ませて、2人で新宿行きの電車に乗り込んだ。

「いいかい、野村君。うちは完全実力主義なんだ。頑張ったブンだけ報われるよ」

彼は5年前に不景気のあおりを受けて会社をリストラされ、新人アルバイトとしてビデボに入社。ガムシャラに働きまくり1年で店長まで上り詰め、現在は本社勤務の地位にいるんだと。激務で休みも少ないが、食っていくには十分な給料をもらえるらしい。

「ま、それでも前職に比べたら年収はゼロが一つ減ったけどね」

深いタメ息をついている。相当な苦労があったようだ。

「もう一つアドバイス。絶対にお客様に逆らっちゃダメだよ」

「どんなに理不尽でもですか？」

「そう。これは主従関係だから。従うべきは上司でも社長でもなくお客様だってことを覚えておいて」

徹底的に客のことを第一に考えているようだ。

「三波春夫が言ってたでしょ？　お客様は神様だって。あれ、うちの会社では真理だから」

あー、聞いてるだけで胃が痛い。まだ働いてもないのにヤメたくなってきた。

時給1500円は夢物語だったようだ

昼過ぎに歌舞伎町の入り組んだ場所にあるビデオボックスに到着した。緊張でドキドキするぞ。

高橋さんに促されて、自動ドアを開けて入店し、受付のカウンターの中に入る。いまこそ練習しておいたあのセリフの出番だ。

「はじめまして！　本日入社しました野村です。どうぞよろしくお願いします！」

「おっ、元気だねえ。どうも、店長の加藤（仮名）です。よろしくお願いします」

線の細い50才くらいのオジサンだ。怖そうな人じゃなくてよかった。

「とりあえず仕事を始める前にシフトを決めたいと思います」

シフト表を持ってきて説明をしてくれた。

「えーと、まず前提として週6日出勤だけど大丈夫だよね？　それで1日9時間勤務でお願いします。朝10時始業で休憩を挟んで夜の8時までです」

うっそ、すげえ忙しいじゃん。面接のときには詳しい話を教えてもらってなかったけど、週休1日だけなのかよ。

「は、はあ」

「ま、慣れれば大丈夫ですよ。それに当分は清掃を覚えてもらうだけだから」

いきなり自信がなくなってきた。

「ちなみに時給はどれくらいで上がるのでしょうか？」

「あはは、当分は1000円だから、そこは我慢だね」

「当分ってのは…」

「とりあえず1年くらい」

ガクーン。時給1500円は夢物語だったようだ。予想はしてたが実際聞くとショックだな。

「それじゃ、まずは店の中を案内するから着いてきてください」

フロントを出て、店の中を隈なく案内してもらう。

「うちの店は地上4階、地下1階です。地下のフロアは禁煙なので注意してくださいね」

全体の部屋数は40。外から見ると狭そうだったが、思っていたより多い。

「歌舞伎町周辺はビデオボックスがかなり多いので、うちはあまり混雑することも少ないです。仕事を覚えるにはちょうどいいですよ」

歌舞伎町だけでも5件以上のビデボがあるらしい。競合店が多すぎるせいで、あまり混雑しないようだ。

その後、ゴミ捨て場、シャワー室、トイレなど店内を一通り確認してからフロントに戻ってきた。なんとなく把握できたぞ。

精子のニオイが鼻の奥まで届く

「じゃあ、これから実際の清掃のやり方を説明していきます」

　忘れないようにメモを取らねば。

「えーと、まずフロントのマグネットを確認してください」

　レジの上にホワイトボードがあり、各部屋ごとの番号が振られている。そこにマグネットについた部屋の鍵がくっついている。

「入店するお客様にはこのマグネット付きの鍵を渡します。反対に退店する方から鍵を返してもらったら、マグネットを逆向きにしてボードに戻します」

　ボード中の鍵がない部屋には客がいるっ

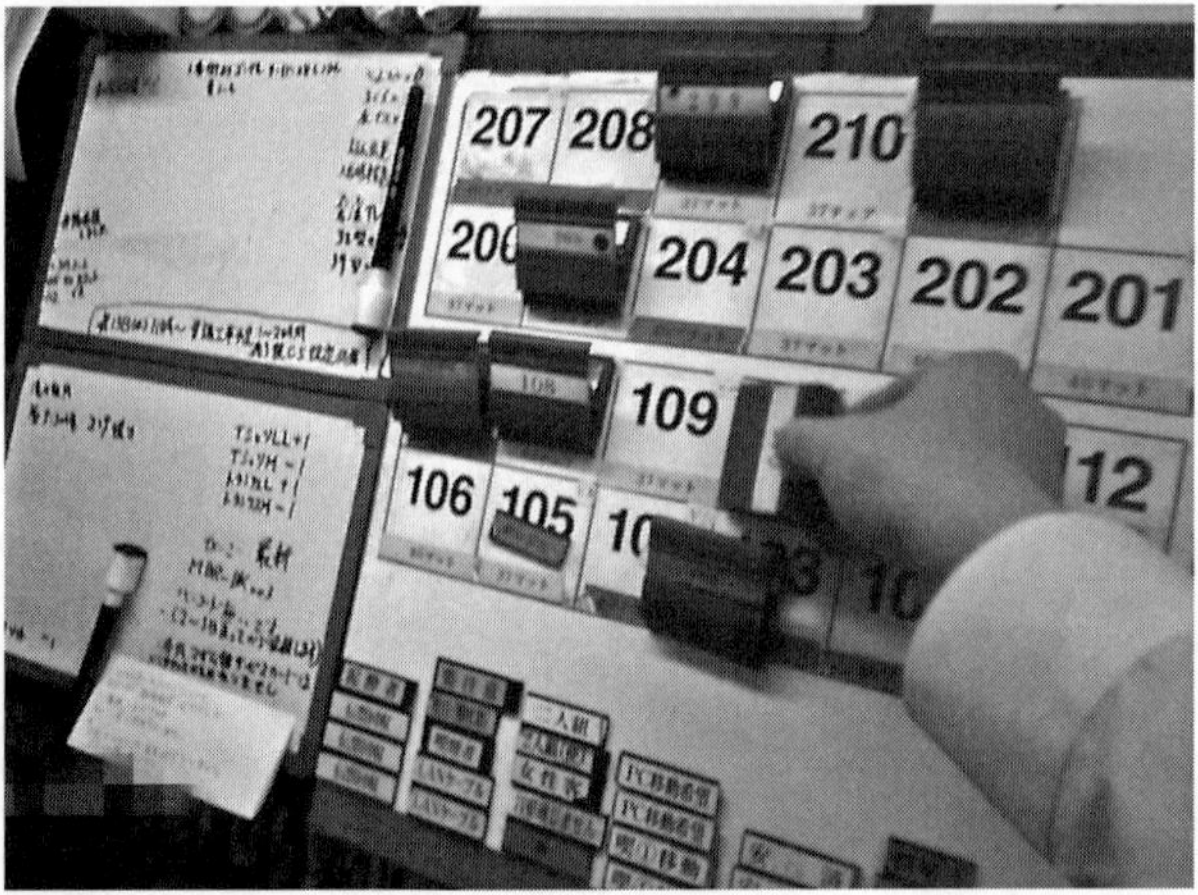

なんかややこしそうだな

どうやらゴミ箱の片づけがメインのようだ

てことか。

「野村さんには逆向きのマグネットの部屋の掃除に向かってもらいます。ちょうど今なら110号室ですね」

なるほど、逆向きのマグネットが未清掃の証ってわけか。

「そして清掃に向かうときは、逆向きのマグネットを90度回転させて縦にします。これが清掃中のサインです」

ちょっと頭がこんがらがってきた。とりあえず縦にして部屋を掃除すればいいのか。

「それじゃ110号室に行きましょう」

階段を下り110号室のドアを開ける。思っていたよりもキレイだ。これなら清掃する必要もなさそうなもんだが。

「あはは、そんなわけありません。急いで

ゴミ箱の中を捨ててきてください」

ゴミ箱をあけると中には使用済みティッシュがこんもり入っていた。うげ！　やっぱりビデボにくるってことは当然シコってるよな。

ゴミはフロアごとに一か所に集めているのでそこまで持っていく。まさか、人の精液つきのティッシュを運んで捨てることになるとは。

しかもゴミをまとめる場所は尋常じゃない。時間が経った精子のニオイがモワっと鼻の奥まで届く。オエー、ちょっと気分が悪くなってきた。ゴミ箱を空にして店長の元へ戻る。

「中々、強烈なニオイですね」

「最初はツライかもだけど、すぐに慣れますよ」

その言葉、信じていいのでしょうか…。

ホコリがなくなるまで拭けるところは全部拭く

「ゴミ捨てたら、あとは徹底的に拭き掃除をお願いします」

「は、はい」

「まず注意してほしいのはアブラのテカリです」

リモコンやマクラ、キーボードなど客が触るところは徹底的に拭かなくてはならないらしい。少しでもテカリが残っていたらやり直しなんだと。

「リモコンの配置にもルールがあって、テレビ用が右でDVD用が左です」

「どうしてですか？」

「常連のお客様からしたら、いつも同じ場所にセットされていた方が気分がいいでしょ？」

そこまで細かいルールがあんのかよ。ただでさえ覚えるのが大変なのに。

「リモコンが終わったら、テレビを拭きます。静電気でホコリが付着してるので、水拭きと乾拭きを両方お願いします」

部屋の中にホコリが一つもなくなるように、拭けるところは全部拭かなくてはいけないらしい。

「他にもたくさんありますよ。テレビは必ず入力切替でビデオにしてから電源を切ってください」

「なぜですか？」

「お客様がスグにAVを再生できるようにするためです」

なるほど、合理的な理由だ。その他にも大量の細かいルールがあった。
▼ニオイがこもるので通気口を開ける。
▼テレビの左に入館案内、右にアンケート用紙を設置する。
▼ハンガーは左向きにそろえる。
▼ビニール袋の持ち手は奥に折りたたむ。

などなど。細かいチェック項目が軽く10以上ある。結局、初めての部屋清掃では20分以上かかってしまった。これ、かなり疲れるぞ。

ヘトヘトの俺を見た店長が苦笑いしながら言ってきた。

「まあ、最初はしょうがないけど、最終的に、どんなに汚い部屋でも5分以内に終わらせることを目標にしてください」

あれだけの清掃を5分以内なんか無理だよ。一気にテンションが下がる。

「それじゃあ、次は202号室に行ってきてください」

「かしこまりましたー」

雑巾を持って2階へ走る。

トビラを開けるとマットの上にはティッシュとタバコの灰が散らばっていた。明らかにさっきの部屋よりも汚い。ひとまず急いでゴミ箱に入れようと、急いでティッシュをまとめていたら、不覚にも手でギュッと掴んでしまった。ヌルっと染み出た精液が手にベットリと着く。うげっ、生暖かくて気持ち悪い。

急いでトイレに駆け込んで手を洗う。ハンドソープで入念に洗ってから外に出ると、店長と鉢合わせてしまった。

「野村君。トイレはなるべく休憩中に頼むよ」

「ああ、すみません」

こいつ、シコりすぎだろ!

エンドレスだ……

２０２号室に戻り清掃再開。オナティッシュを捨てて、灰皿をキレイに拭く。他にも隅々まで磨いて何とか終了。かかった時間は15分。少し短くなったがまだまだ。

備え付けの内線でフロントに連絡を入れる。

『２０２号室は終わりました』

『はい。じゃあ次は２０７号室をお願いします』

ダッシュで部屋を移動し、オナティッシュを捨てて、灰皿を磨いて、拭き掃除。今度も15分かかってしまった。

『２０７号室、終わりました』

『はい。次は３０３号室お願いします』

オナティッシュを捨てて、灰皿磨いて、雑巾がけ、この部屋は10分で終わったぞ。

『３０３、終わりました』

『はい。次は103号室です』

エンドレス！　階段を小走りで往復しながら清掃を繰り返し。腕と脚がパンパンになってきた。

結局、10部屋の清掃を終わらせたところでようやく食事休憩を取らせてくれることに。はあ、もう心が半分折れてしまった。

頭の中が必須トークでいっぱいに

1時間の休憩を挟んで時刻は17時。仕事終わりのサラリーマンたちで店内が混み始めた。

引き続き俺の仕事は清掃だけ。精液のニオイを身体中にまといながら、大量のティッシュを片づけまくる。

何部屋か掃除するにつれて、意識させられたのがオナホール使用率の高さだ。少なく見積もっても3割の客がオナホを使っている。

清掃係としてもティッシュに発射されるより、オナホに中出ししてもらった方が後片づけがしやすいので助かる。精液がソファに垂れていることもないし、直接精液に触れる心配もないからだ。

それに理由はわからないがオナホ使用者は部屋の使い方が総じてキレイなのだ。あくまで推測だが、オナホを買ってまでオナニーする男は精神的な余裕があるのではないだろうか。

反対に部屋が汚いまま出ていく人の多くは、テレビのパチンコ番組がつけっぱなしだ。大抵､灰皿の外に吸い殻が落ちているし､部屋の備品がグチャグチャのままだ。

無心で清掃を続けていると、気づけば時刻は19時30分。いつのまにか終業の時間が近づいてきた。

フロントに戻り、ボードを確認したが、清掃待ちの部屋はないようだ。店長から声を掛けられた。

「野村君は本社で声出しの練習はしたのかな?」

オナホ利用客はキレイ好きな傾向あり

汚く使うやつは、たいていパチンコ動画を見てる

「はい。少しだけですが」

「じゃあ、これは覚えたかな？」

渡された紙には左記の文章が書かれていた。

『いらっしゃいませ！　ご来店ありがとうございます！　お好きなDVD 6枚、コミックは10冊までお選び下さいませ。お時間内は交換無料、見放題でございます！　なおDVDは中身のみをお持ち下さいませ！　最新作、入荷しております。ぜひ最新作コーナーをご覧くださいませ！』

なんじゃこのメチャ長い文句は。こんなの本社でやってないよ。

「いえ、初めて拝見しました」

「お客様が入店したときの必須トークな

ので、少しずつでいいから覚えてくれるかな？」

店長からコピーを受け取り、小さく口ずさむ。

「お好きなDVD…。お時間内は交換…」

暗記なんか受験以来だ。こんな長文覚えられるだろうか。

と、最初は不安だったのだが、客が来店するごとに店員の全員が大声で何度も何度も繰り返すので徐々に頭に入ってきた。

それに合わせて自然と口が動く。

「いらっしゃいませ。ご来店ありがとうございます――」

そして、この日の仕事が終わるころには、なんとか全文をソラで言えるようになっていた。というか店内BGMのようにずーっと聞いているので、耳についてしまい嫌でも頭から離れない。

帰り道でも思わず口ずさんでしまうほど、頭の中がこの必須トークでいっぱいになった。ビデボの仕事に身体が侵されているのかもしれない。

ゴミ箱の中に小便しやがった

翌日の朝10時。昨日の清掃による筋肉痛を全身に感じながら歌舞伎町のビデボに到着。すでに満身創痍だが、今日も一日がんばろう。フロントで作業している店長に挨拶をする。

「店長おはようございます」

「ああ、おはよう。さっそくで悪いんだけど部屋清掃に行ってもらえますか？」

はあ、また今日も清掃か。体力が持つか心配だな。

雑巾を持って階段を駆け上がる。とはいえ少しは成長しているはずだ。テキパキ済ませて早く休憩しよう。

勢いよく部屋のドアを開けるとモワっとした汗臭いニオイが漂ってきた。さんざん嗅いだ精子のニオイではなく、不潔な男の一人暮らしって感じだ。

ビニールに小便すんなよ！

昨日の夜からナイトパックで入室したのだろう。灰皿にこんもり吸い殻が溜まっているし、枕もアブラでテッカテカに輝いている。

あれだけキレイに清掃しても一晩でこんなに汚れてしまうのか。これじゃヤル気も失せるわ。

気を取り直してゴミ箱に手をかけたが様子がおかしい。箱が異様に重たいのだ。ティッシュやオナホールの比ではない。

なにが入っているのだろう。訝しく思いながら、ゴミ箱の中に手をやる。ん？　タプタプの液体が入った袋がある。

まさか！　オエエエエ！　これ小便じゃん！　なんでゴミ箱に小便してんだよ。気持ち悪い！　トイレ行けよ。トイレに！　なんでこんな当たり前のことができねえんだよ…。最悪だ。

しかし、心の中でいくらキレたところで結局は後の祭り。片づけるしか他に道はない。お客様は神様だから文句も言えないしな。

心を無にして、極力触れないよう袋を持ってトイレに流す。

ふう。これでなんとか一件落着。かと思いきや、その後もナイトパックの部屋を片づけていると、３部屋のゴミ箱から小便を発見した。

おい！　日本人の頭は大丈夫か？　トイレで小便もできない民族になっちまったのか？　思わず、店長に相談してしまった。

「すみません。ゴミ箱に小便が入っていたんですけど、あれってよくあることなんですか？」

「そうだね。1日1回は必ず見るかな。ウンコじゃないだけマシだと思いますよ」

ウンコも入ってることあるのかよ。信じられない。信じたくない。

ひと昔前は中国人で今はもっぱらベトナム人

ナイトパックで使われた部屋を清掃してからは、途端にヒマになってしまった。フロントで声出しの練習をしていると、店長ではない別の従業員がやってきた。マスク姿の高身長男性だ。挨拶せねば。

「はじめまして！　昨日入社しました野村です。どうぞよろしくお願いします！」

「あはは、池上（仮名）です。よろしくね。その挨拶懐かしいな」

後で知ったのだが、彼も新入社員時代に同じテンプレートの挨拶をしていたらしい。

「野村君はいくつなの？」

「いま、24です」

「お、若いねー。家は新宿に近いの？」

他の社員と違って気さくに話をしてくれる人だ。いい先輩って感じだな。

「結構遠いですね。池上さんのお住まいは？」

「あー、俺は金町にある、会社の寮に住んでるよ。まったく、千葉の方が新宿より近いよ」

求人に書かれていた寮ってのは金町にあるのか。たしかに都心に来るには少々遠いな。

「ま、それでも一泊千円だから文句は言えないけどね」

寮完備と謳っておきながら、それなりに寮費は徴収するのか。なんだか、ちゃっかりしてる会社だな。

そこに、別の従業員がやってきた。浅黒い東南アジア系の顔立ちだ。池上さんが声を掛ける。

「お、ニャット君おはよう！」

ニャット君？　どこの国の人だろう。

「はじめまして。野村です。よろしくお願いします」

「ヨロシク、オネガイシマス。トイレ清掃シマス」

かなり片言の日本語だが、なんとか聞き取れたぞ。

「ニャット君は20才のベトナム人大学生。2カ月目だから、野村君の少し先輩だね」

20才の大学生がなんでわざわざビデオボックスで働いているのか。無性に気になるぞ。

「外国人の店員にはブームがあってね。何年か前までは中国人ばっかりだったんだけど、ここ1、2年でニャット君みたいなベトナム人が増えてるんだよね」

ふーん、そういうもんなのか。感心していたら退店の客がきた。部屋の清掃に向かわねば。

この小便で心が折れた

清掃業務にも慣れてきたので、汚れが薄い部屋なら5分もかけずに終わらせられるようになった。その中には、本当に客が使ったのかと、疑いたくなるほどにキレイなままの部屋もある。当然ゴミ箱にティッシュはないし、リモコンを移動させた気配もない。仮眠のためだけに使ったのだろうが、ビデボに入ったら一発くらい抜きたくなるのが男のサガってもんだろう。不思議である。

毎回毎回、イヤでもオナティッシュを処理するので、店長の言うとおり精子の片づけにも抵抗がなくなってきたが、ある部屋で異様な光景が。大量のフケと垢が落ちているのだ。

フルフラットタイプの床に、斑点ができるほどクズが落ちていて心底、肝を冷やした。頭をかいたり、身体をかいて落ちたボロボロの垢の方が、精子よりも何倍も不潔に感じるのは何故だろう。その客の容姿を退店のときに見ていたのだが、別にホームレスのような汚い恰好ではないのが不思議だった。

そんな奇妙な部屋の清掃を終えて、気が付くと時刻は夕方3時。休憩がてらバックヤードに行くと、ニャットさんがサンドイッチを食べていた。いい機会だし話かけてみよう。

「ニャットさんお疲れ様です」

「ア、ドウモ」

「この仕事大変ですよね。もう慣れましたか？」

「仕事、大変ジャナイ。ミンナ優シイ」

確かに従業員は優しいけど、業務自体はかなりハードだぞ。実際、スグにでも辞めたいし。

「どうしてビデオボックスで働き始めたんですか？」

「日本語ヘタ、ホカノ仕事ダメ」

ビデボ以外の仕事は、日本語が堪能じゃないという理由で落とされてしまったらしい。

たしかに、ここなら客と接することもないし、さして問題はないのだろう。

「どうやってこの仕事を知ったんですか？」

「友達、中野デヤッテル。教エテモラッタ」

中野のビデボで働いている友人に紹介してもらったとのこと。ベトナム人の間でビデボのバイトは日本語を使わなくても働ける場所として有名のようだ。

休憩を終えて、残りの業務時間は1時間だ。順番に部屋を片づけていくが、もうすぐ仕事も終わりだというタイミングで、またもやゴミ箱に小便のある部屋を見つけてしまった。

この小便で心が完全に折れた。精子に慣れても、小便の跡片付けには慣れないようだ。何とか終業まで仕事はしたものの、これ以上続けられる自信がない。「もう、辞めます」とバックヤードに書き置きを残して、ビデオボックスを後にした。

次は客として来ます

新聞拡張員ノムラ、読売を叩いて朝日の契約を取れるのか

『裏モノJAPAN』2019年6月号掲載

スポーツ新聞を眺めていたら、求人欄のページに気になる募集を発見した。いわゆる3行広告の中の一つだ。

『朝日拡張員。高歩合。寮相談』

たしか新聞拡張員って、各家庭を回って新聞を購読させる仕事だったような。

そういえば、ひと昔前までアコギな押し売りが問題視されていたが、最近はめっきり話題にならない。今でもこうして募集をしてるのが少し驚きだ。

当時に比べて新聞の需要なんか激減してるだろうし、そう簡単に契約をとれるとは思えない。いったい、どんな業務内容なのだろうか。

記載された番号に電話をかけてみると、3度目のコールで低い声の男が出た。

『はい。藤原（仮名）です』

『はじめまして。スポーツ新聞の求人を見て電話しました野村といいます。まだ募集してますか？』

『ああ、ご応募ありがとうございます。それじゃ一度お会いして詳しいお話をさせてください』

トントン拍子で話が進み、翌日の夜に都内のファミレスで面接をすることになった。

他紙をとっている家を寝返らせる

彼は仕事終わりに埼玉から車で来るとのことだったので、都内の高速道路の出入り口近くのファミレスで待ち合わせだ。

店内で待機していると、待ち合わせ時刻である22時から15分ほど経ってから声を掛けられた。

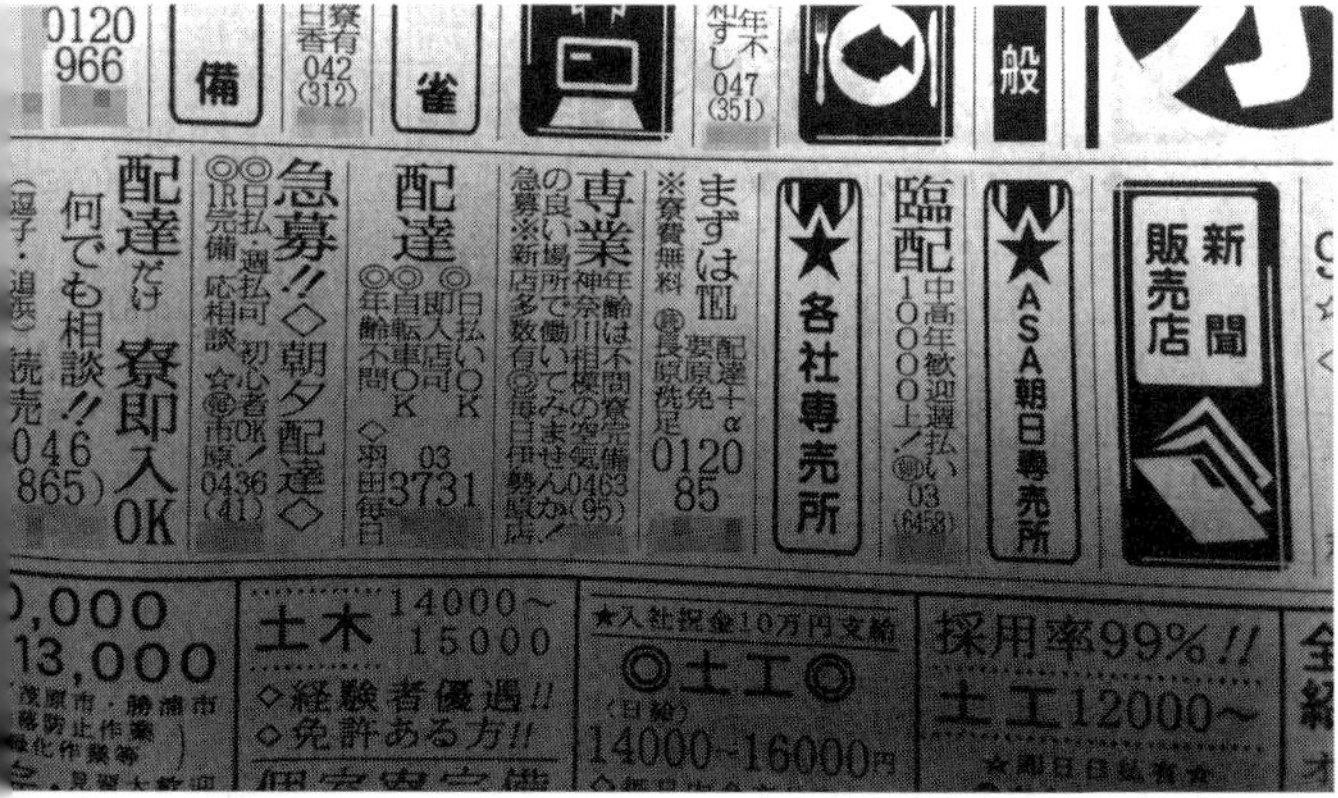

スポーツ紙にちょくちょく募集が

「はじめまして、野村君だったよね。お待たせしました代表の藤原です」

茶髪に細目の40才くらいの男性だ。もっとジイさんがくるかと思っていたのだが、想像していたよりもずっと若い。気のいいニイちゃんみたいな雰囲気だ。

「野村君は拡張員の経験はあるの？」

「いえ、全くないんですけど、未経験者でも大丈夫でしょうか？」

「うん。むしろ経験がない方が助かるよ」

ふーん、経験者の方が契約をとってきそうなのに、意外な話だ。

「むしろ昔からバリバリやってたような人が来ると、困っちゃうんだよね」

「困るというのは？」

「うーん、野村君は知らないかもしれないけど、この仕事って社会現象になるくらい問題になっちゃってね。ヤクザまがいの売り方をする人は採用できないんだよ」

無理矢理に契約をとろうものなら、客からの苦情がネットなどで簡単に拡散してしまい、長期的には逆効果になるとのこと。業界自体は健全化しているようだ。

「それじゃあ、仕事の内容を詳しく説明するね」

「はい。よろしくお願いします」

「私のやっている会社には、現在5名の拡張員が所属していて、新聞の販売店から依頼を受けて契約をとりに行くの」

「なるほど」

「客のほとんどが読売とか毎日みたいに、他社の新聞をとっている家庭だね」

新聞をとっていない家を回るのではなく、現在、他紙とっている家を寝返らせるのが仕事らしい。

「新規契約なんか相手にしてもくれないからさ。野村君も新聞なんて読んでないでしょ？」

たしかに、新しく月々4千円の購読料を払わせるより、いま取っている人の契約を変えてもらう方が話は早い。

「とりあえず、実際にやってみないとイメージが掴みにくいだろうから、明日から現場に来てみたら？」

「はい。わかりました」

「社員は1件契約が取れて1万4千円の完全歩合だけど、君には契約が取れなくても日給で8千円あげるから、頑張ってみな。明日は僕も一緒に回るからさ」

軽い感じで、さっそく働かせてもらえることになった。やり方もなにも教えてもらってないけど、大丈夫なんだろうか。不安である。

社長と従業員の立場は同じくらい

翌日、昼12時に埼玉県北部のK駅で待ち合わせることになった。新聞屋は朝が早いイメージだったので、寝坊の俺には助かる。

都心からJRに乗って2時間かけて、ようやく駅に到着。かなり長い道のりだった。

駅前はかなり閑散としており、人通りもまばらだ。通行人も高齢者が多く、若い人が少ないところを見ると、たしかに新聞を取っている人は都内よりも多そうだ。

約束の北口近くのコンビニの前で待っていると、昨日とは別のメガネの男性に声を掛けられた。

「昨日、面接した野村さんですよね？　どうも小林（仮名）です」

シュっとしていてサワヤカな雰囲気だ。押し売りで有名だった拡張員の一人とは思えない。彼の白い乗用車に乗り込んで出発だ。

「それじゃあ、行きましょう」

人通りの少ない住宅街を車で走ること10分。公園の路肩に車を寄せた。

「ここで他の拡張員たちと集合してから、新聞の販売店に向かいます」

「みなさんの年齢はおいくつなんですか？」

「社長が45才で、僕が35才。それ以外は65才前後のベテランだから失礼がないようにしっかり挨拶をしてね。みんな気はいいけど礼儀は重んじる人だから」

ふーん、この口ぶりから察するに、社長と従業員の立場は同じくらいのようだ。個人の力量が大きいから、社長が必ずしも偉いわけじゃないみたいだな。

「お、シゲさんが来たね」

さっき言っていた60代の一人みたいだ。軽自動車に乗っている。

「ほら、挨拶してきな！」

「はい。わかりました」

小走りで軽自動車に向かい、出てきたところに挨拶する。日に焼けた黒い顔にタバコ臭い身体。ザ・オッサンだな。

「はじめまして。野村といいます。よろしくお願いします」

「おう、よろしくな。」

シゲさんは歯の抜けた口をあけてニコニコ笑っている。

「野村君はデッカイなあ。おう、社長が来るまでメシでも食おうよ」

「競馬と麻雀がやめられなくてね」

小林さんとシゲさんの3人で近くの定食屋に入店。チキン南蛮定食を奢ってもらうことに。なんとも優しい人だ。

「シゲさんはどうして拡張員になったんですか？」

「いやあ、会社をクビにされてしまってから、コレといろいろあってな」

苦笑いで小指を立てている。コレってのは女のことか。急に重たい話になってしまった。

「リストラで離婚よ。まあ俺の方にも落ち度があったんだけどね」

「なにがあったんですか？」

「あはは、競馬と麻雀がやめられなくてね」

ありがちな話だが、シゲさんの顔に影はなくニコニコしている。ますます陽気な人だ。

「じゃあ、小林さんはどうしてこの世界に？」

「うーん、俺は色々営業をやって社長に拾われたんだよ」

墓石、ソーラー発電、英会話のＣＤなどなど、訪問販売の職を転々としていたんだそうな。

雑談をしながらメシを食っていたら、昨日面接をしてくれた社長がやってきた。

「おう、野村君、本当に来たんだね。遠いから来ないかと思ってたよ」

「いえいえ、来ますよ」

「とりあえず、１軒でも契約が取れるといいね。それじゃあ行こうか」

集合した４人で歩みを進め、「ＡＳＡ」という朝日新聞の販売所

読売を叩いちゃってください！

号外をエサにする

に到着した。ここが依頼主のようだ。

恰幅のいい販売所の所長がこのあたり一帯の地図を持って出てきた。これを我々拡張員の人数に分けて、契約を取りに行くらしい。

「じゃあ、読売を叩いちゃってください」

意訳すると、読売新聞をとってる家庭を朝日新聞に寝返らせてくれ、ということだ。

「ああ、それと頼まれていたヤツ。少し残しておいたよ」

用意されていたのは新元号の令和と書かれた号外だ。つーか、販売店でこんなものを残しておいていいのか？　号外って貴重なものなんじゃ…。

「ありがとうございます。きっとこれは武器になりますよ。取ってくれそうな人がいたら、ダメ押しでこれを渡しましょう」

販売店でのやり取りを終えて外に出る。このあとは地図に載った家に訪問に行くようだ。

「勧誘だと思われちゃダメなんだよ」

販売店を出ると他の拡張員は三々五々で散っていく。特に打ち合わせもなく、完全な個人主義で契約を取りに行くようだ。

一方、俺は社長の車に乗り込むことになった。

「とりあえず拡材を買いにいくから、その後に家を回っていくよ」

拡材とは拡張するときの材料のことで、契約のエサとなるビールや米、洗剤などを指す。これらは拡張員が自腹で払うようで、どれだけ渡すのかも各々の裁量なんだとか。

大型のドラッグストアでビールを、24本入りケースごと買い込む。3千円の発泡酒を2ケースと、スーパードライを2ケースだ。一回の契約でどれくらい渡すんだろう？

「まあ、相手によりけりだけど、最初は

拡材は自腹で

発泡酒を見せて、渋ったらスーパードライだね」

ちなみにスーパードライは1ケース約4千円。これを渡してしまったら拡張員の取り分は実質1万円だ。

「坊主で帰るよりか1件でもとって帰ったほうが気持ちが楽なのよ」

いかに拡材に金を使わず、契約を取るかが大事になってくるそうだ。本当は1円も使わずに取りたいんだけど、これが結構むずかしいんだと。

「それじゃあ、地図を持って契約に行こう。口では説明しづらいから見て覚えてね」

言われるがまま住宅街を歩く。なんだか緊張してきたぞ。社長はなんの躊躇も

朝日の家はマーキングされているので、白い家を狙う

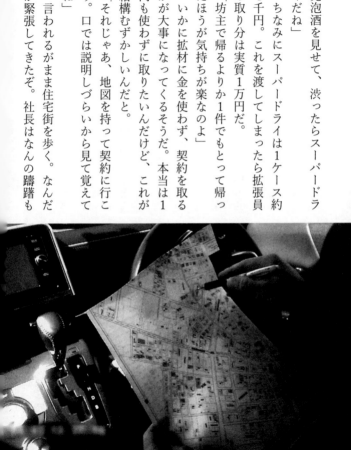

なく、一番近くの家のインターホンを押した。

数秒たっても反応がないので、隣の家に。しかし、ここも反応がない。留守の家庭が多いようだ。

「あとで、また来れるように留守だった家には地図にチェックを入れておきな」

「はい」

言うとおりに地図に印をいれて、後ろをついていく。また、隣の家のインターホンを鳴らしたところで、今日はじめての反応があった。

『はい。どちら様ですか？』

『いつも、お世話になっております。新聞屋です』

『はいはい。ちょっと待っててくださいね』

玄関から50代の主婦が財布を持って出てきた。

「えーと、おいくらでしたっけ？」

あれ？　集金と勘違いしてるのか？そこですかさず社長が謝罪のセリフを言った。

「あ、奥様すみません。私、朝日新聞の者でして、この辺りのご家庭にキャンペーンのご案内をしてるんです」

主婦の顔がみるみる怪訝になっていく。

「は？　読売じゃないの？　なによそれ」

「申し訳ありません。ただ、お得なお話をお持ちしたので…」

言い終える前に主婦は怒りながら、扉を閉めてしまった。社長は何ごともなかったように次の家に向かっている。

「とりあえず玄関先に出て来てもらわないと話にならないから、最初から勧誘だと思われちゃダメなんだよ」

新聞屋でーす

また読売に戻してもいいんですよ

その後、10軒の家を回ったが、どれも空振りに終わった。社長でこれなら、俺が契約

勧誘がこんなに大変だなんて

を取れるとは到底思えないんだけど。不安が募る。

「社長、いつもこんな風に邪険に扱われるんですか？」

「はは、こんなのヌルイ方だよ。説教されることだってあるしね」

笑いながら、次の家のインターホンを押す。

『どうも、新聞屋です』

今度は男性の声が返ってきた。

『はい。少々お待ちください』

この人も集金だと勘違いしているようで、財布を持って出てきた。

「あの、旦那さん。実は私、朝日新聞なんですけど、いい話をお持ちしたので少し時間をください」

「は、はあ」

おっ、今度は話を聞いてくれる人のようだぞ。そこから有無を言わせない社長のセールストークが始まった。この人はいけると嗅覚が反応したのかもしれない。

「先月から、読売さんは値上げしましたよね。朝日は絶対に値上げすることはないですよ」

「ええ」

男性はかなり引いているようだ。

「それに、今日だけならビールを2ケースお渡ししますよ」

2ケースも渡すんだ？

男性は無言で下を向いている。急にこんなことを言われて、ちょっと困ってそうな雰囲気だ。

「旦那さん。もう読売新聞から、品物をもらうことは少ないでしょ？　新聞社は長く購読してくれる人よりも新規客が大事なんです。うちなら定期的にビールも洗剤もお持ちしますよ」

「う、うん。たしかになあ。読売はなんにも持ってこないんだよね」

追い風が吹いたとみるや、笑顔で言った。

「一度うちに変えたら、読売も血相変えてセールスに来るんです。だから、今日だけ変

契約に成功！

えて、半年の契約が終われば、また読売に戻してもいいんですよ」

「たしかに、そうかもしれませんねえ」

「それに、今日はオマケで昨日発表された元号の号外もお渡ししますよ。契約してくれた方に持ってきたんです」

　まさにとどめの一撃とばかりに言う。この一言で心を決めたようで、男性も笑顔になった。

「わかりました。じゃあ、試しに半年だけお願いしようかな」

　住所、氏名を書いてもらい、まんまと契約が決まってしまった。まだ、話しはじめてから5分と経っていないのに。

「まあ、おおざっぱにはこんな感じだね。多少は嘘を混ぜてもいいから、相手に話を聞かせることが大事なの、それに注意して頑張ってみてよ」

ここからは俺一人で契約を取りにいくことになってしまった。あんなに流暢に話をできる自信がないな。

『事情は知りませんお引き取り下さい』

ひとりきりでの訪問の一軒目は、キレイな戸建てのお宅だ。赤の他人の家のインターホンを押すなんて初めての経験で緊張する。

震える指に力を入れて、恐る恐るボタンを押す。

ピンポーン。

数秒待っても声は聞こえない。仕方ない。お次は隣の家だ。

新築のようにキレイな家で、外には子供用の自転車が並んでいる。若い夫婦だろうか。

ピンポーン。反応なし。

その隣も新築の住宅。

ピンポーン。反応なし。

クソ！　そもそも、家に誰もいないんじゃ話にならない。契約以前の問題だ。

その隣は昔ながらの日本家屋。古い家のインターホンにはカメラが設置されていないケースが多いので家主が出てくることを願う。

ピンポーン。

トビラを挟んで、ガタガタと小走りする音が聞こえた。在宅のようだ。

『はい。どういったご用件でしょうか？』

年寄りの女の声がスピーカーから聞こえる。

『お世話になってます。新聞屋です』

『はあ、新聞屋さんが一体どんな御用で？』

よしよし、うまいこと誘導して、契約させてやる。

『この辺りにお住まいの方に、お得なご案内に伺ったのですが、一度お話させていただけませんか？』

『いやあ、私はそういうことはわかりませんので、お帰りください』

ええい、でまかせで同情を引いてやる。

『実は自分、新聞奨学金で大学に通っておりまして、仕事ができないと退学になってしまうかもしれないんです…』

『いえ、そちらの事情は知りません。お引き取り下さい』

まったく、玄関に出てきてもらうこともできなかった。はあ、人に無下にされるのは、精神的にシンドいな。

かくして1時間ほどかけて、何軒も回ってみたのだが、玄関先に出てきてもらうことすら難しい。

インターホン越しに「新聞屋です」と告げても、返ってくるのは適当にあしらわれる返事ばかりだ。

でも正直、まっ昼間にインターホンを押して迷惑をかけてるのはコッチのほうだしな。文句ばかりでは始まらないので、インターホンを押しまくる。最初はこれだけでも緊張していたのだが、断られ続けるうちに慣れてしまった。人に邪険に扱われても怖くない人格に変わったのだ。飛び込み営業って恐ろしい。

会話のキャッチボールが成り立たない

もうどれだけ訪問したかわからなくなってきたころ、初めて玄関先に出てきてくれる人が現れた。70才くらいのお婆さんだ。

これは絶好のチャンス。ぜひともモノにしたい。

「奥さん、いま新聞とってらっしゃいますか？」

「ええ、たしか読売だったと思うけれど…」

よし、寝返らせてやる。

「奥さん、朝日に変えてくだされば洗剤を上げますよ。それにお米だってお渡しできます」

「いやあ、ウチはいらないかなあ。それに息子に聞いてみないと…」

渋っている様子だが、話は聞いてくれている。ここは押さねば。

「では、息子さんに聞いてみてください。絶対に後悔はさせませんよ」

「といってもねえ、息子も40になるのにアルバイト暮らしでね。平日だってのに家にいるのよ」

そんな愚痴より、早く息子に聞いてきてくれよ。と頭の中で文句を言いつつ、笑顔を絶やさずに相槌を打つ。

「はあ、大変ですねえ」

「ほら、いま中年の引きこもりっていうの？　流行ってるじゃない？　バイトもやめるとか言い出しちゃってねえ」

「ええ、では息子さんに聞いてきてもらえませんか？」

「うーん、でもねえ、仕事ぐらい見つけてもらわないとねえ」

会話のキャッチボールが成り立たない。邪魔者扱いされないだけマシだが、これでは埒が明かないぞ。

「いま、息子は寝てるんだけど、勝手に起こしたらすごい怒るのよ。私が先に死んじゃうのに心配なのよねえ」

延々に無駄話が続きそうだったので、ここらで切り上げよう。

「はい。では夕方にまた伺いますね。その時までに聞いておいてください」

平日の昼間に家にいる男には、なにやら特殊な事情がある人が多いのかもしれない。

「書いてあること全部ウソでしょ」

気持ちを切り替えて、訪問を続けるしかない。

5軒ほど留守の家を挟んだ後、住宅街から少し離れた場所にある、かなりデカい家を訪れた。結構なお金持ちかもしれない。

ピンポーン。

何も聞かれずに玄関が開いた。ラッキーだ。

玄関先に現れたのは白髪を蓄えた80過ぎの爺さんだ。隠居老人って言葉がピッタリだな。

「今読まれてる新聞はどちらでしょうか？」

「えーと、読売だけど？」

不審の目を向けながら語る爺さん。

「そうでしたか、私、朝日新聞の者なんですが、今変えてくれれば、ビールやお米をサービスしますよ。いかがですか？」

「うーん、ごめんねえ、もう長年読み慣れちゃってるからねえ」

まだまだ。諦めてたまるか。ここで同情を引く作戦だ。

「お願いします！　ここで一件でも契約を取らないと、後で上司に殴られてしまいます……」

「ううむ、そう言われてもなあ」

「私を助けると思ってお願いします！」

しかし、いくら言葉を並べたてても、現状から変えたくないという、爺さんの気持ちを曲げることはできなかった。強情な人だ。

その後、地図を頼りに100軒近く回ったが、契約は一件もとれない。何とか喰い付

出てきてもらうことも難しいなんて……

いて契約を取ろうとするのだが、結局は扉を閉められて終わりだ。そもそも、直接話をするだけでも至難の業だ。
結局、時間だけが過ぎて19時の終業間際に。しかし、最後の最後で玄関を開けてくれる人が現れた。70過ぎの男性だ。

この人も最初は集金と勘違いしていたが、久しぶりにインターホン越し以外でセールスできる。

「つい最近集金にきたばかりだったような気がするんだけど？」

「こ、こんにちは。実は私、朝日新聞の者なんですが、変えてくだされば、ビールもサービスしますよ」

「は？　朝日？」

みるみる顔が曇っていく。うう、コワイよお。

「はい。今回は特別に昨日発表された元号もサービスいたしますよ」

「は？　お前、勧誘かよ」

「ええと、まあ、はい。ですが、お得なお話だと思いますよ」

一瞬間が空いたと思ったら、大声で怒鳴られた。

「なにそれ？　やっぱり朝日ってダメだな！　ウソばっかり書いてるから勧誘もそんなやり方なんだよ」

住宅街に怒号が響き渡る。なにもそこまで言わなくてもいいのに。頭が痛くなってきた。

「俺は朝日は信用してないの、書いてあること全部ウソでしょ。お前みたいな奴がいるのが証明だよ。本当に迷惑だよ！」

「大体さあ、人の迷惑とかを考えられないのかなあ…。本当にさあ」

こりゃ契約は無理そうだと確信しつつも、彼はまだ怒鳴り散らしたいようで、説教が続く。

「クソだよ。本当に国益のためになることをしろよ。ウソばっかり書きやがってよ、チクショウ」

「はあ、すみません」

その後もグチグチした説教が10分以上続き、ようやく解放されたころには、ポッキリと心が折れてしまった。何もあそこまで怒らなくてもいいのに。もう、なにも言わずに帰ろう。

社長にメールで辞めますと伝えて、その場を後にした。拡張員を続けるには相当の根気が必要だとわかった。俺には絶対に無理だ。

働く男ノムラ、ピンサロのボーイになる

『裏モノJAPAN』2019年7月号掲載

個室ビデオ、新聞拡張員とくれば、お次はピンサロしかない。いつでも求人してそうな職種のベスト3だ（野村調べ）。

なので今回はピンサロ店員として頑張ってみよう。

「これを機に野村君も染めちゃえば？」

さっそく、『俺の風』という大手の男性向け風俗求人サイトにアクセスし、某ピンサロから、面接の約束を取り付けることに成功した。

面接当日。駅から徒歩5分ほどの場所にある雑居ビルに到着した。

店舗は雑居ビルの上階にあった

俺が面接を受けるのは上階にある店舗だ。今にもぶっ壊れそうなオンボロエレベータに乗り込み、目的階へ。

店の扉を開けると、かなり若い見た目のボーイが出迎えてくれた。

「いらっしゃいませ〜」

「えーっと、18時から面接の約束をしている野村といいます」

「ああ、いま店長が用意しているので、外のイスに座っててください」

周囲をキョロキョロ眺めていたら、店内から40才くらいの男性が出てきた。ブルーのワイシャツを第3ボタンまで開けて、髪はホスト風にばっちりセット。首元で輝く金のネックレスがまぶしい。

「それじゃあ、面接を始めますね。野村

君は風俗業界で働いた経験はあるのかな？」

「いえ、ないですね」

「ま、気にしないで。未経験でも親切に教えるから大丈夫だよ。ゆっくり慣れてくれればいいから」

外見から勝手に怖い人かと思っていたが、ずいぶん親切だ。

「じゃあプライベートでピンサロに行ったことはある？」

「ええ、何度かありますよ」

「ちなみに、どこのお店？」

「横浜にあるキャンディマウンテンとかは、よく行ってました」

「え！　超名店じゃん！　他にはどこに行くの？」

それから数十分の間、風俗談議に花が咲いた。この店長、市場調査と女の子のスカウトを兼ねて、最低でも月に3度は風俗に行くらしい。なんともうらやましい話である。

「うん、ちゃんと受け答えもできるし、大丈夫そうだね。とりあえず採用ってことで」

好きな風俗店の話をしただけで合格とは。思っていたよりも遥かにユルイな。給与システムは、一日10時間労働で、日当が1万。そのうち半分を日払いでもらえる。半年続けると、日当が千円上がるらしい。

「うちは完全に実力主義だから、仕事ができればガンガン給料も上がるから頑張ってね。ただ、規則違反したらペナルティがあるから、それだけは注意しておいて」

遅刻は1分でも過ぎれば30分毎に千円。当日欠勤が1万円。無断欠勤が2万円。

「あと、服装の規定は白ワイシャツにスラックスにネクタイ。これだけ守ってくれれば、あとは自由だから」

「わかりました」

「極端な話、明日から金髪になってもいいし、スミが入ってても問題なし。これを機に野村君も染めちゃえば？」

面接は1時間ほどで終了し、明日の昼11時から21時まで働くことが決定した。

「算数もロクにできねえ奴が多いんだよ」

遅刻ペナルティを避けるため、最寄り駅に20分も早く到着した。昨日と同じように、エレベータで上へ。

店の前に、スーツを着た若い男性が一人と、女性が一人座っていた。誰だこれ？

「はじめまして。今日から出社する野村です。よろしくお願いします」

これで客の精子臭を殺す

若い男性が答えてくれた。

「ども。俺は木村っていいます。まだ、主任が来てないから適当に時間を潰してて」

主任が来ないと、店の鍵が開けられないないいんだとか。店員レベルじゃ信用がないんだな。

ということはこの女性はピンサロ嬢か。目を伏せたままスマホでツムツムばかりして、話しかけんなオーラがビシビシ伝わってくる。いかにもな感じだ。

数分で主任と呼ばれる茶髪の男性がやってきて、店の中に入れてもらえた。木村さんが声をかけてくる。

「今日は俺が指導係だから、よろしくね。まずは開店準備。店内の掃除から始めよう」

片手にはダイソンのコードレス掃除機が握られている。やっぱり、最初は雑用だよね。

「手本を見せるから、とりあえず順序を覚えておいてね」

彼の後をついていき、店の外から、店内まで掃除機をかける。靴を脱いで上がるフラットシートタイプで、全8席。都内の大型店に比べればかなり狭い。

シートの内装はちゃっちい。ところどころ、壁紙がめくれてるし。暗闇の中では気づかれないだろうけど。

続いて、電飾のついた看板を表に出そうと外に出たら、すでに店の前のイスに太った男性が座っていた。

「あの人は週に2日は通ってくれる常連さんだよ。いっつも朝来るんだよね」

まだ開店まで1時間近くあるのに、熱心なこって。銭湯の一番風呂みたいなも

さあ、頑張って働くぞ!

んか。

次は飲み物の在庫の確認。と、冷蔵庫の近くに、モンダミンやら、リステリンやらの洗口液がズラっと並んでいた。

それぞれに嬢の源氏名が書いてある。ここで口をゆすいでから、客のところに行き、プレイが終われば、汚れた口をここで洗うようだ。

受付に戻ると、先ほどの主任がＰＣをカタカタ打っていた。

「野村です。今日から、よろしくお願いします」

主任はこちらを一瞥してから、「うっす」と小さくうなずいた。愛想がまったくないので、近寄りがたい。

「今日は、お客さまの受付をやってもらうから」

「はい。わかりました」

「とりあえず、コースの値段だけ覚えておいてくれる？」

30分いくら、45分いくらといった基本料金、指名料、クーポン券の割引額などだ。

「なんとなく覚えられた？」

「ええ、少し時間がかかりそうですけど…」

「おお、とりあえずそれだけできれば充分。上出来だわ」

いやいや、そこまで褒められることではない。結局は足し算と引き算なわけで。

「この業界、その算数もロクにできねえ奴が多いんだよ」

「は、はあ」

「そこらへんの小学生でもできる計算ができないって、終わってるよな」

返答に困る問いかけに、苦笑いしかできなかった。

「とりあえず、金の受け渡しだけは絶対に間違えるな。最悪、自腹で補填することもあるから、覚悟しとけよ」

自腹で補填なんて聞いてないよ。ミスしたらどうしよう。

ムダに見えるけど、意味があるんだろう

気が付けば開店の12時が目前に迫っていた。外にはすでに4名の客が並んでいる。

「今、並んでいる人は俺が接客するから、その様子を見て覚えてくれるかな?」

木村さんがそう言って、店のトビラを開け、先頭に並ぶ男を呼び込んだ。いよいよ開店である。

「いらっしゃいませ。ご指名はございますか?」

「いや、フリーで。あと名刺の千円割引をお願いします」

木村さんが、主任に向かって、「メッセージフリーです」と伝えた。名刺のことはメッセージと言い換えるんだな。メモしとこう。

「お時間どうしましょうか？」

「30分で」

「では、お会計が5千円です」

客から受け取った金を、そのまま主任に渡している。なるほど、要するに客と主任の仲介役をしてるだけだな。

そういえば、どこの風俗もこんな仕組みになってる気がする。

若ゾーが客に対応して、奥には別に金の管理をしてる人がいて。なんだかムダに見えるけど、どこもそうってことは意味があるんだろう。

「では、爪のチェックをします」

客の爪を確認し、手の平に消毒液を吹きかける。

「チェンジと返金はできませんので、ご了承ください。それではご案内します」

そして、客をシートのあるフロアに誘導。これが一連の作業のようだ。楽勝だな。

主任がマイクを片手に、案内のコールを始めた。「付け回し」と呼ぶそうだ。

「えー、4番シートにニッコリご新規、ニッコリ1名様入りま～す。お相手はニッコリ斎藤さんで～す。ニッコリ、ニッコリ楽しんでくださ～い」

すべてのセリフにニッコリが入っている。主任、これ、俺にもやらせてくれませんか。

「付け回しは主任にならないと無理。まずは、接客をして、仕事が完璧になってからだな」

そんなに難しいこととは思えないんだけどな。客をさばき終えた木村さんが戻ってきた。

「だいたいこんな感じ。なんとなくわかった？」

「は、はい」

「俺はホールの見回りをしてるから、なにかあったら主任に聞いてね」

「つたく、何ができるんだよ！」

ガチャっとトビラが開いて、次の客が入ってきた。加齢臭のキツイ爺さんだ。さあ、記念すべき初客だ。

「いらっしゃいませ、ご指名はどうしましょう？」

「Hって子はスグいける？」

いらっしゃいませー

「はい。少々お待ちください。ええっと、何分コースをご希望ですか？」

「45分で」

えっと、主任に入れるかどうか確認すればいいんだよな。

「あの、Hさん45分、大丈夫ですか？」

「オッケー、ご案内して」

言われたことを、そのまま客に伝える。俺を介さずに、直接言えばいいのに。前金を受け取って、爪の長さを確認し場内に案内した。ふう、とりあえず一人目は終了だ。

安心していたのも、つかの間、主任から注意が飛んできた。

「なあ。チェンジと返金ができないことを客に言っとけよ。さっき木村がやったの見てたよな？」

ヤバ、完全に忘れてた！

「はい。すみません」

「ったく頼むぜー。次は絶対に間違えんなよ！」

最初から完ペキにできるわけないじゃん。イライラするなあ。

次の客には、チェンジと返金ができないことを伝えて、奥に案内した。

「では、こちらにどうぞ～」

しかし、またもや主任からの注意が。

「おい！　爪の確認！」

しまった。爪のことはすっかり忘れていた。

「野村さあ、一つのことを覚えたら、他は忘れちゃうの？」

そんなにスグ覚えられる訳ないよ！　いまので2人目だぞ。

「すみませんでした」

「ったく、何ができるんだよ！」

はあ、こんなに怒られたのは久しぶりだ。すでに心が折れ始めている。

トビラが閉まれば、「オッサン、キモいんだよ！」

開店から1時間が過ぎ、店内が急激に混んできた。それに伴い、従業員の空気が張り詰めていく。少しでもミスをしようものなら主任から叱責が飛んでくるのだ。緊張して仕事に集中できない。なかなか、しんどいぞ。

それは先輩の木村さんも例外ではなかった。受付にいる主任に話しかける木村さん。

「いま、全体で何人待ちですかね？」

「は？　どういう意味？」

「あと、何人終わったら休憩行けるかなと思いまして…」

「お前さあ、そんなこと聞く時間があったら、ホールの見回りしとけよ！　ほら、早く行け！」

常にこんな調子で、各々がひたすら手を動かしている。

時刻が14時を回り、店内は満席になるほどの大盛況だ。

人気の嬢は、1時間待ちは当たり前で、中には3時間後の予約をしていく男まで現れた。お前、その時間まで何して待つんだよ！

特に一番人気の「M」という女の子は、常に指名が入りっぱなしで、かなり不機嫌になっていた。朝、店の前でツムツムをやっていた、あの女である。

彼女、フロントの近くを通るたびに「クソが！ざけんなよ」と大声で愚痴を漏らしている。客を見送った直後でも、店のトビラが閉まれば、「オッサン、キモいんだよ！」

その様子を見かねた木村さんが、主任に声をかけた。

「Mさん、もうすぐ爆発しそうです」

「オッケー、ここヘルプ入って」

受付を木村さんに任せて、主任が女の子の待機所へ。

数分後、般若の形相から一転、ニッコリ笑顔になったMさんがシートに戻っていった。え？　なにがあったの？

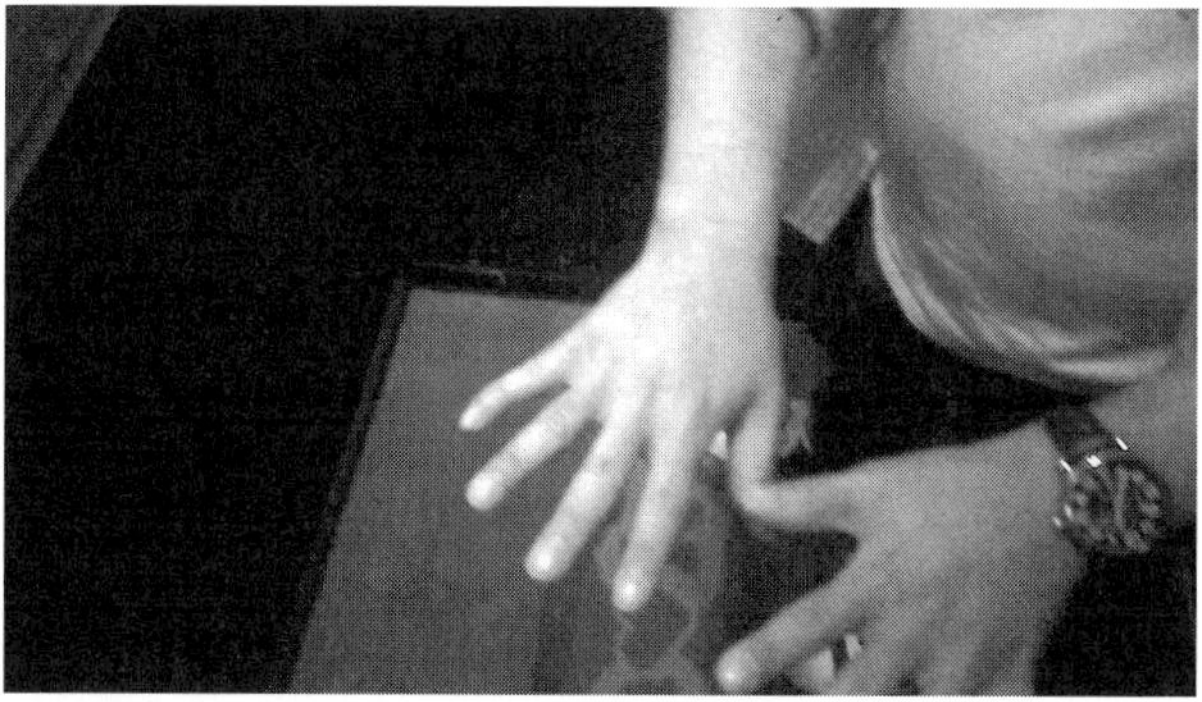

爪チェックも重要な仕事

その後も他の子が、同じように不機嫌になっても、主任が全て解決させていた。いったい、どんな魔法を使ってるんだろう。

それから1時間ほど経って、ようやく客足が穏やかになり、主任とも話をする余裕が出てきた。

「このお店に入って、長いんですか？」

「もう、かれこれ5年くらいだな。最初は店長に拾われたんだわ」

10代のころにホストをやっており、その時期にここの店長と知り合ったとのこと。なるほど。それで女の扱いに慣れているのか。5年も働いていれば、さぞ給料は高いのだろう。

「ああ、まあね。入社したときに比べれば倍以上にはなったよ」

倍！　てことは少なくとも50万はもらってるじゃん。やっぱ役職が付くと、給料も上がるんだな。

「そんなに稼いで何に使うんですか？」

「いまさ、車が欲しいんだよ。400万のセダン。だから、ここ1カ月は休みなく働いてるよ」

いまどきの若者には珍しいタイプの人だ。俺も頑張ろう。

「タルタル無しって言ったよね！」


時刻は18時少し前。すでに6時間以上ずーっと立ちっぱなしで、太ももがパンパンだ。もう、そろそろ我慢の限界かも。幸いなことに、客の波はピタリと止んでいた。主任もスマホをイジって休憩モードだ。

思い出したように、主任が口を開いた。

「木村と一緒に女の子の弁当を受け取ってきてくれ」

あらかじめ、木村さんが電話で予約をした弁当屋に、2人で足を運ぶことに。ずっと室内にいたので、外に出るだけで解放感がある。あー、気持ちがいい。

「弁当は18時までに持ってこないとダメだから。時間は絶対に厳守ね」

「厳守ですか」

「女の子はストレスのはけ口が、メシくらいしかないからさ、少しでも遅れたらドヤされるよ」

唯一の楽しみが弁当って。どんだけキツイ労働環境なのよ。

少しでも時間を省くため、小走りで弁当屋に到着。注文の品はチキン南蛮弁当が4つと油淋鶏弁当を2つ。高カロリーの揚げ物だらけだ。これくらい食わないとやってられないんだろうな。

帰り道も小走りで店に戻る。その途中で木村さんの過去について、話を聞いた。

「木村さんはこの店で働いて、どのくらいなんですか？」

「いま、24才なんだけど、19才から働いたり、辞めたりを繰り替えしてるから、計3年くらい」

ふーん、俺と同い年じゃん。てか、繰り返してるってどういう意味だ？

「いやあ、大学時代から働いてるんだけど、そのときにギャンブルにハマってね…」

金がなくなればこのピンサロで働き、

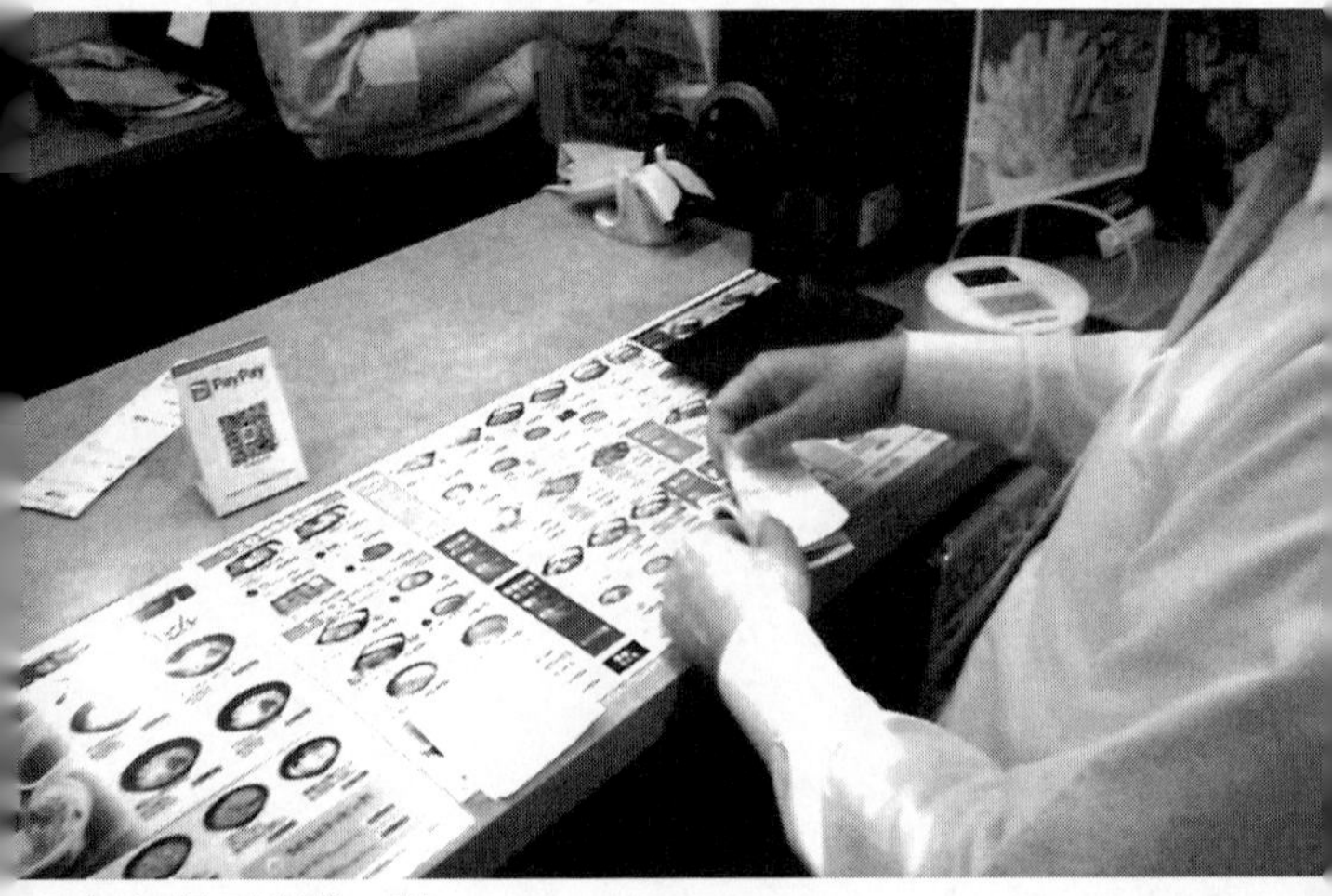

タルタル無しのために使いっ走り

借金を返済したら、ギャンブル生活に戻る、というサイクルを繰り返しているらしい。

経歴は典型的なダメ人間だが、人当たりがいいので、好感が持てる。

店に戻って、木村さんが待機所に弁当を持っていく。

そこでハプニングが起こった。一人の女の子が木村さんに詰め寄っているのだ。そのデカい声が、俺の立つ受付の方まで聞こえてくる。

「ねえ！　タルタル無しって言ったよね！」

「え？　普通のチキン南蛮としか聞いてないけど…」

「私はチキン南蛮にタルタルはいらないって前に言ったじゃん！　覚えてないの？」

タルタルがあろうとなかろうと、どっちでもいいと思うのだが。

「こんなの食べれない。新しいのを買ってきて」

「ええ、わかりました…」

木村さんが俺の方にやってきた。

「悪いんだけど、同じ店でタルタルなしの弁当を買ってきてくれるかな？」

えー！　俺が買いに行くのかよ。めんどくさいなあ。

「いまホールを空けられないいんだよ。お礼に一本ジュースを買ってきてもいいから。頼むよ」

仕方がない。一番の下っ端が断れるはずもないし。

彼は自身の財布から千円札を渡してきた。自腹か。自分で尻ぬぐいをするのが、この店の流儀なんだな。

ガチ恋で風呂にも入らず

現在の時刻は19時過ぎ。終業時間まで、残り2時間を切った。

そこに、かなりのおじいさんが入店した。たぶん70は超えてるだろう。

「いらっしゃいませ、ご指名ございますか？」

「あのー、Kさんで90分入りたいんですけど、大丈夫ですか？」

90分！　ピンサロにそんな長時間のコースがあるのか。

「主任、Kさんで90分入りたいって方がいるんですけど」

「うん。ご案内して。料金は45分を2倍にして計算すればいいから」

ピンサロで90分もなにをやるんだよ。しかも、この男性、Kさんを指名するのは今日が初めてのようで、オキニってわけでもないらしい。

「では、お会計が3万6千円になります」

「はいよ」

なんのためらいもなく支払ってくれた。ソープに行くのと変わらない値段なんだけど。

今のやり取りを裏で聞いていた、女の子が話しかけてきた。

「初めてで90分ってキモすぎでしょ、私には絶対に無理だわ」

これは話しかけるチャンスだ。せっかくだしピンサロ嬢とも交流してみたい。

「今までで一番長かったのは、何分だったんですか？」

「私？　んーと、120分かな。もう二度とやりたくないけど」

うっそ。金さえ払えば何時間でもプレイできるのか。

「そんなに長い時間、なにをしてるんですか？」

「前半1時間はずっとアソコを舐められて、後半は延々、口でさせられた。アゴ外れるかと思ったよ。マジで」

世の中にはオカシな男もいたもんだ。2時間ってことは総額で4万だぞ。

「そいつはガチ恋（本気で風俗嬢に恋をする）だったから、すんごいキモかった。絶対風呂に入って来なかったし」

うげえ、シャワーのないピンサロでそれはキツイな。

最低でも50は取らないとメンツが立たない

今日の仕事はあと1時間で終わりなのに、立て続けに酔っ払いの客がやってくる。

彼らは総じて面倒くさい。何を言っているのかわからない奴らが多いのだ。

そのため、一人の受付に掛かる時間が長くなってしまい、他の客を待たせてしまうことになる。

特に集団でやってくるリーマン連中はタチが悪い。

「お前はどの子にする？」

「えー、でもブスばっかりだからなあ」

「この子とか可愛くない？」

「いやあ、ダメだろう」

終始、こんな調子で、来店しておいて、パネルを見ながら、この子にしようか、あの子にしようかと長時間居座るのだ。邪魔だよ！　邪魔！

しかし、俺が注意しても、帰ってくれない。そこで主任を呼ぶと、代わって一喝してくれた。

「おい！　もうお前ら帰れよ。いい加減にしろ！」

まさか、風俗店で説教されるとは思っていなかったようで、バツが悪そうな表情を浮かべて去っていった。ざまあみろ。

「変な客でしたね」

「まあ、この時間は面倒な客も多いからな。でも、こいつらほどじゃないよ」

こいつら？　主任が指で示したのは、受付の中に貼られたポラロイドと免許証のコピーの数々だ。これってまさか。

「そうそう、出禁の客だよ。こいつらのレベルは年に1回いるかいないかだけど」

罪状は人それぞれで、ガチ恋がエスカレートしてストーカーになった男から、盗撮や本番強要で出禁になった客まで様々だ。

「本番強要した奴には、慰謝料を請求するんですか？」

「まあ、一応ね」

「ちなみに、それっていくらくらいですか？」

さっきまで笑顔だった主任が急に真顔になって答えてくれた。

「最低でも50は絶対に取る。じゃないと店としてのメンツが立たないんだよ」

こわ！

やっぱり、ピンサロは俺みたいなイモ野郎が働く職場じゃなかったみたいだ。もっと、キモの座った男じゃないと務まらないな。

仕事は今日で終わり。次は客として来よう。ツムツムのMちゃんにしゃぶってもらいたいし。

ノンケ野村、「男性モデル募集」に食いつく

『裏モノJAPAN』2019年8月号掲載

今回も新しい仕事に挑戦するため、スポーツ新聞を手に取った。

いかがわしい仕事を探すには、スポーツ新聞の求人欄がベストのような気がする。風俗のボーイから土建屋まで、人手不足の業界が一目でわかる社会の縮図だ。

さて、いったいどんな募集があるのやら。順番に目を通していくうち、一つの求人に目が留まった。

▼男性太めモデル募集
▼高収入即払い
▼場所横浜電話求む

よし、今回は男性モデルとして小遣い稼ぎをしてみようじゃないか。やっぱりこれってゲイ向けの撮影なのかしら。

「君ぐらいの身長だったら最低でも130キロは欲しい」

さっそく記載された番号に電話をかけてみる。プルルルル、ガチャ。

「はい、もしもし○○社です」

低くしゃがれたオッサンの声だ。ダルそうな雰囲気からして寝起きっぽい。

「すみません。スポーツ新聞のモデル募集を見て連絡しました」

「あー、そうですか。ちょっと最初にお伝えしなくちゃいけないことがありまして…」

「はあ、なんでしょうか?」

「実はですね。うちの会社が募集しているモデルは、ゲイに向

お馴染みの求人です

けた作品に出てもらうんですけど、それでも大丈夫ですか？」

　やっぱりソッチ系か。正直やりたくはないけど試しに応募してみるか。いざとなったら逃げればいいし。

「ええ、大丈夫だと思います」

「ちなみに体形はどんな感じですか？」

「けっこう太ってますね。横にデカイ感じです」

「おお！　それはよかった。じゃあ、一度会ってから決めたいので、空いてる日を教えてください。私は和田と申します」

　撮影内容に関する詳しい話も聞かないまま、面接を受けることになった。さすがにいきなりケツを掘られるようなことはないだろう。

　指定されたの場所は横浜市桜木町の野毛である。横浜屈指のゲイタウンとして有名な町だ。

　待ち合わせ当日。駅前の喫茶店で待っているそうなので入店。喫煙席でそれっぽい男がタバコを吸っていたので声をかける。

「すみません。面接の和田さんですよね？」

「おお、えっと野村くんだよね？　待ってたよー」

頭のハゲたガタイのいい男で、たぶん年齢は50代後半くらい。ビデオを作ってるってことは、やっぱりこの人はゲイなんだろうか。気を引き締めねば。

「じゃあ、ここに座ってくれるかな。簡単に面接するから」

「はい。よろしくお願いします」

ニッコリと笑う和田さんの目つきがなんとも意味ありげだ。背筋がゾっとする。

「野村君は男の人との経験ってあるのかな？」

あるわけないが、採用されるにはそれっぽいウソをついた方が無難かも。

「経験は少しだけですが、興味はすごくありますね」

「そっかそっか、いま何才なんだっけ？」

「24才ですね」

「うん。若くていいじゃない。ちょっとそこに立ってみてもらえる？」

言われるがままに席を立つと、頭のてっぺんからつま先まで、ネットリした視線を浴びせられた。品定めされてるみたいだ。なぜか和田さんの表情が少しづつ曇っていく。

「うーん、そうか、年齢はいいんだけどねー」

なにか問題でもあったのだろうか。

「身長と体重はどれくらいなのかな？」

「えーと、１８０センチの95キロくらいですかね」

「なるほど、なるほど、うーん」

難しそうな顔をしてウンウン唸っている。基準に合わないのかな。もしかして太りすぎだったとか？

「いやいや、ちがうんだよ。というかその反対だね」

「はあ、反対ですか…」

「そう。求人のところに太めの人が希望って書いてあるでしょ？　野村君の場合、ちょっと細すぎるかなってね」

え？　細い？

「うん。そうなの。うちはデブ専系のビデオを撮ってるんですよ。だからちょっとねえ」

いやいや、かなりの巨漢デブのはずだぞ。ガタイもいい方なので、ゲイ受けする体格だと勝手に思っていたのだが、自意識過剰だったのか？

「君ぐらいの身長だったら、最低でも１３０キロは欲しいかなあ」

１３０キロ！　そりゃ相当レベルの高いデブだ。たしかに俺ごときでは足元にも及ばない。

「ちょっと君じゃあ、細すぎるんだよなあ」

せっかく面接したのに、細すぎて不合格！

「そうなんですか…」

「じゃあ、見本ってことで、うちで作ってる作品を見せてあげるよ」

慣れない手つきでスマホを操作して一本の動画を見せてくれた。そこには力士ぐらいの超巨漢の男性が、これまた同じくらい太ってる男にチンコを手コキされてるシーンが。肉弾戦って言葉がぴったりの、相撲かと見紛う迫力だ。

これが太め男性モデルの正体か。

「これは強烈ですね」

「ほら、ホモビってマニアックだからジャンルが色々でしょ？　そこから少しでもズレるとダメになっちゃうんだよね」

なるほど、採用されるには、俺に合っ

た募集を探さなくてはいけないようだ。勝手に男なら誰でも出演できるものだとタカをくくっていたが、そう簡単ではない。気を取り直して、スポーツ紙に乗っている全ての男性モデル募集に電話をかけてみたのだが、結果はどれも不採用だった。

その理由は様々で、若くて細い体形のみ採用だとか、ガチムチで日に焼けた体じゃないとダメ、などなど。ゲイモデルのジャンルの数がいかに多いのかを実感させられた。

中には電話口で俺の普段の仕事の内容を聞いてくる会社もあり、デスクワークだと答えるや、即不採用となった。理由をたずねると土方や肉体労働者を専門で扱っているんだとか。

俺みたいなのは中途半端な存在のようで、デブ専にしては痩せてるし、若い人を集めるには太ってるしで、ちょうどいい売り込み先が見つからないのだ。

電話をかけるだけなのに、すっかり意気消沈してしまった。俺、ゲイに人気がないんだな。

「初めてオナニーしたのはいつごろ？」

新聞の求人欄に見切りをつけて、次はネットで探すことにした。こっちの方が募集を見つけられそうだ。
　すると調査を開始してすぐにぴったりの募集を発見。以下がその募集文だ。

▼ノンケオナニー動画買取
▼30分以下で高給即日
▼撮影場所新宿

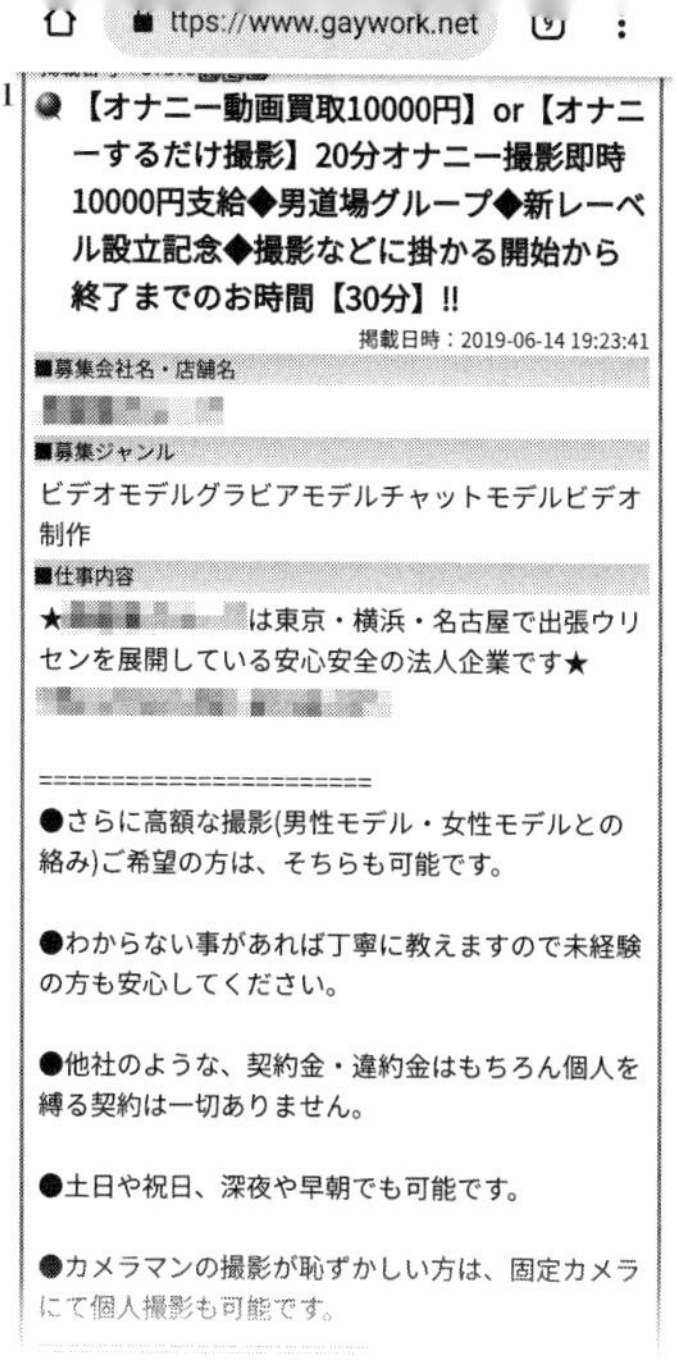
ttps://www.gaywork.net

【オナニー動画買取10000円】or【オナニーするだけ撮影】20分オナニー撮影即時10000円支給◆男道場グループ◆新レーベル設立記念◆撮影などに掛かる開始から終了までのお時間【30分】!!

掲載日時：2019-06-14 19:23:41

■募集会社名・店舗名
[redacted]

■募集ジャンル
ビデオモデルグラビアモデルチャットモデルビデオ制作

■仕事内容
★[redacted]は東京・横浜・名古屋で出張ウリセンを展開している安心安全の法人企業です★
[redacted]

=====================

●さらに高額な撮影(男性モデル・女性モデルとの絡み)ご希望の方は、そちらも可能です。

●わからない事があれば丁寧に教えますので未経験の方も安心してください。

●他社のような、契約金・違約金はもちろん個人を縛る契約は一切ありません。

●土日や祝日、深夜や早朝でも可能です。

●カメラマンの撮影が恥ずかしい方は、固定カメラにて個人撮影も可能です。

こういうのもよくあるんです

　なんとノンケを狙い撃ちで募集していたのだ。これは俺にとってはかなり好都合。
　ところでオナニー動画ってなんだ？　検索をしてみて初めて知ったのだが、男がオナニーをするだけの動画がゲイの間では人気のコンテンツらしい。これなら絡みなどのプレイもないので安心な気がするぞ。

すぐに参加したい旨をメールで送ると数時間で返信があった。

「ご応募ありがとうございます。バストアップの写真を1枚。そして横向きの写真を1枚添付して、このアドレスに送ってください。ただし、写真加工アプリなどは一切使わないよう、ご注意ください」

言われたとおり自宅の風呂場で写真を撮影し、画像を添付しメールを送信。さあ結果はどうなることやら。

翌日、返信があった。

「返信をありがとうございます。是非お願いしたいと存じます。つきましては下記電話番号にお問い合わせください」

よし！　ようやっと合格だ！　その後、電話で担当者から説明を受けて、当日を迎えることになった。いったい、どんな撮影になるのだろう。少し緊張してきた。

当日、ホテル近くにあるカフェで待ち合わせることに。

「どうも～、野村くん座って座って～。僕は前田です」

いきなり若いイケメンに声を掛けられた。そうか、俺の顔は写真を見て知ってるんだもんな。

「よろしくお願いします」

「現場のホテルに行く前に、軽くお話ししましょう」

彼曰く、初対面の男と一緒にホテルに行くと緊張して発射できずに終わることもあるので、緊張をほぐすためにも公共の場で話を聞くことが定番になっているそうな。

「まず最初に確認したいんだけど、野村くんは本当にノンケで間違いはないんだよね？」

「はい。まあそうですけど」

もしかして、疑われているのか？　大丈夫です。女が大好きな正真正銘のノンケですよ。

「そっか、とりあえず安心だね」

ノンケが出演する作品はゲイ業界の中でも特に人気のジャンルらしい。もしノンケではなくゲイが出演したことがバレると、スグに口コミが広がりメーカーの信頼がなくなるんだと。

例えるなら本物の素人ＡＶだと思ったら有名女優が出演しててガッカリ、みたいなもんか。

「それじゃ、プロフに書くエピソードを聞いていくから、質問にはなるべく正確に答えてね」

「わかりました」

「初めてオナニーしたのはいつごろ？」

おいおい、いきなりド直球な質問じゃないか。

「たぶん、中学1年とかだったと思います」

「どこでやったのかな？　自分の部屋？」

さながらデビューモノのＡＶの冒頭にあるインタビューシーンだ。これはかなり恥ずかしい。

「風呂場でしたね」

「そのときのオカズはなに？」

矢継ぎ早にエロい質問が飛んできて、10分ほどでもうヘトヘトだ。俺の性の経歴を洗いざらい答えさせられてしまった。

「よし、最後にこれを書いてもらってからホテルに行くよ」

渡されたのはこのゲイビデオの出演に関する同意書だ。商用で販売するためにサインが必要とのこと。

つーか、本当に発売されるんだな。友達にバレたりしたらどうしよう。急に不安になってきたぞ。

「あの、知り合いにバレることってあるんですか？」

「まあ、ゼロとは言えないけど、普通のAVより圧倒的に少ないと思うよ」

サンプルの画像ではモザイクを入れるので、実際に購入した人でなければ顔はわからないそうな。仮にバレたとしても、買った人間もゲイなのでわざわざ言いふらすようなことはしないという。

そうは言っても、今どき誰かが無断でアップロードする可能性もゼロじゃない。もしそれを見られでもして本人を特定されたら…。ヤバ、本気で怖くなってきた。

意を決してサインを済ませカフェを出た。心臓がバクバク音を鳴らしている。ああ、もう引き返せない。

「お尻の穴をカメラに見せることを意識してね」

撮影とはいえ、男と一緒にラブホに入室するのは、それなりの抵抗感がある。促されるまま部屋に入りソファに腰かける。

「これからカメラのセッティングをするから、シャワーを浴びてきてくれるかな？」

「わかりました」

全身をキレイにして戻ると、三脚のついたカメラがソファの方を向いていた。はあ、

緊張するぜ

さあ、脱がなきゃ

いよいよ撮られるのか。気が重いなー。帰りたいなー。

「えーと、それじゃあ撮影についてくわしく説明するね」

動画を回す時間はだいたい20分から30分くらい。Tシャツとパンツ姿になり、服を脱ぐところからスタート。最初の10分はチンコを触らずに自分で乳首をイジったり、パンツの上から股間をまさぐる。そして、後半になったらチンコをシゴき初め、射精したところで終了。というプランだそうな。

最短20分で終わると聞いて気持ちが少しだけ楽になった。早く帰ることだけを目標にしよう。

「僕も途中で指示を出すから、そのとおりに動いてくれればいいからさ」

「は、はい」

「あと、覚えておいて欲しいのがお尻の穴をカメラに見せること、これだけは常に意識しておいてね」

アナルをカメラに見せろってか。ぶっ飛んだ注文だな。

「それと無理に演技をしようとしなくていいから」

「わかりました」

「ま、緊張してる人の方が売れたりもするから、気にしないで自然体でいこう」

いやいや、1本も売れず、世の中の人が誰も見ずに終わるのが本望だ。

「それじゃ始めるよー。3、2、1。スタート」

あれ？　えーと、最初は何をしたらいいんだっけ？　緊張で頭が真っ白になってしまった。

前田氏がカメラに映らない場所で、服を脱ぐジェスチャーをしている。あ、そうだ服を脱がなくちゃ行けないんだ。忘れてた。こんな当たり前のことがわからなくなるほどの緊張は生まれて初めてだ。

日本中のゲイから一斉に見られているような

震える手を抑えながらTシャツを脱いでソファの下に置く。

そのとき、不意にカメラのレンズが視界に入り、ますます緊張の波が押し寄せてきた。よくテレビのアナウンサーが、カメラの向こうに日本国民の視線を感じる、なんてことを言うが、それと同じように日本中のゲイから一斉に見られているような気分になった。

いかんいかん。オナニーに集中しなくては。次の指示は自分で乳首を刺激しろ、とのこと。

両手で左右の乳首をコリコリとイジっていると、少しずつ気分が落ち着いて緊張が解けてきた。

ああ、やっぱり、乳首は気持ちいい。こんな緊張しまくりの場面でも、性感帯をイジれば気持ちよくなるなんて、人間の身体ってのはよくできてる。

数分の乳首イジりで精神の安定を保っていたら、声をかけられた。

「野村くん、もう乳首はいいから、チンコを触って」

「あ、すみません」

パンツの上から股間をモミモミ。いつもならこれだけ乳首をイジくれば多少勃起するはずなのだが、今日はみじんもそんな気配はなく、フニャチンのまんまだ。それもそのはず、男と二人きりの状況でロクなオカズもなしにチンコが勃起していたら、それはそれで問題だ。やっぱり俺はノンケなんだな。

右手でパンツの上から股間をイジり、左手では乳首をイジり続けた。しかし、チンコの反応は薄い。うーむ、これだけの刺激で勃起するのは難しそうだ。そのことを伝えるべく首を左右に振ると、彼も状況を察したようで、パンツを脱ぐように指示を出してきた。

うう、いよいよ男の前で全裸になるのか。イヤだなあ。気持ち悪いなあ。

しかし、モジモジしていても撮影は終わらない。よし、と気合をいれて、目を閉じたままパンツをゆっくりと下げる。ああ、とうとう素っ裸になってしまった。前田氏が心なしか前のめりになって俺のチンコを凝視している。フー、フーと聞こえるのは、先ほどよりも極端に荒くなった鼻息だ。

もし、ここで襲われたらどうしよう。そんな漠然とした不安が体中を駆け巡った。前田氏は下ネタのインタビューのときでも友達感覚で接してくれていたし、俺のことをエロい目で見ていなかったはずだが、これだけ凝視されると疑惑が生まれてくる。やっぱりこの人もゲイなのでは…。

次はソファに深く座り込みM字開脚の姿勢をとる。それを彼が小声で注意してきた。

「開いて、開いて」

穴がよく見えるように尻を開けとの命令だ。そうだったな、アナルは必須なんだよな。割れ目に手をやり、グッとケツを開いて見せる。ほら、これでよく見えるだろ。彼はこの姿勢をいたく気に入ったようで、ウンウンと頷きながらコチラに笑顔を向けてきた。

次の指示が飛んでくる。

「カメラを見ながら尻の穴を押し出して」

カメラ目線でレンズを覗きながら、尻の穴の周辺をグッグッグッと押す。それを見た前田氏はまたもや目を輝かせて鼻息を荒くしている。

よほど気に入ったのか、親指を立ててサムズアップをしてくる彼。どうやらこれが、今日の俺のベストポーズだったようだ。

いくらなんでもこの金額は安すぎる

「はい、とりあえずいったんここでカメラを止めます」

あれ？　まだ射精できてないんだけど。もう、終わりでいいのかな。

「野村くん、とりあえずポーズは十分に撮れたから、次は射精をお願いできるかな？」

お願いされても、お前が同じ部屋にいるから少しも勃起しないんだよ。

「すみません。ずっと頑張ってるんですけど、いかんせん勃ちが悪くてですね」

「うーん、まあそうだよね。僕がいたら難しいよね」

少し考えた後、なにか閃いたように明るい声で言った。

「よし、それじゃあ僕はいったん洗面所の中で時間を潰しておくからその間にやっちゃってよ」

カメラを回しっぱなしにして、オナニーに集中できる環境を作ってくれるんだと。

「オカズはテレビのアダルトチャンネルを見てくれればいいよ。ただし音が入ると困るから切っておいてね」

おお、それならなんとか射精できるかもしれない。

AVでようやく発射！

「はい。やってみます」

テレビから流れるちょい古めのAVを見ながらチンコをシゴく。

はあ、これで落ち着いてオナニーができる。AVに集中して上下に手を動かすと、さっきまでのフニャチン状態がウソだったかのように固くなってきた。

シゴき始めて5分ほどでなんとか射精に成功。無事に仕事を終えることができた。

「すみませ〜ん。射精しました〜」

風呂場からスグに戻ってきて、カメラに保存された映像を確認する前田氏。

「はい。これなら大丈夫ですね。お疲れ様でした」

そう言って彼はカバンの中から封筒を

取り出して渡してきた。その中身は8千円だ。いくらなんでもこの金額は安すぎるような気もするが、オナニーしただけで金がもらえたと考えればラッキーだった…のか？

浮気調査員ノムラ、不倫カップルのセックス終了をラブホ前でひたすら待つ

何か珍しい仕事はないものかと、求人サイトを転々としていたら、ジモティー内のアルバイトの項目で左記のような求人を発見した。

『テレビでよく見る探偵。1度は憧れた方も多いのではないでしょうか？』

なんと探偵のアルバイトを募集していたのだ。トレンチコートにハットを被って調査をする、あの探偵である。

やっぱりアンパンと牛乳をほおばりながら張り込んだりするのだろうか。楽しそうだぞ。


『裏モノJAPAN』2019年9月号掲載

ずーっと待つただそれだけの仕事

　さっそく記載された番号に電話をかけてみると、野太い声の男性が出た。

「もしもし、アルバイトの募集を見て電話したのですが…」

「はいはい。えーっと、キミは体力に自信ある？」

　いきなり、ぶっきらぼうな質問をされた。なんか感じ悪いなあ。

「はい。それなりに」

「そっか、徹夜とか平気な人？」

「はい。大丈夫ですよ」

「了解。それなら来週の月曜の15時に事

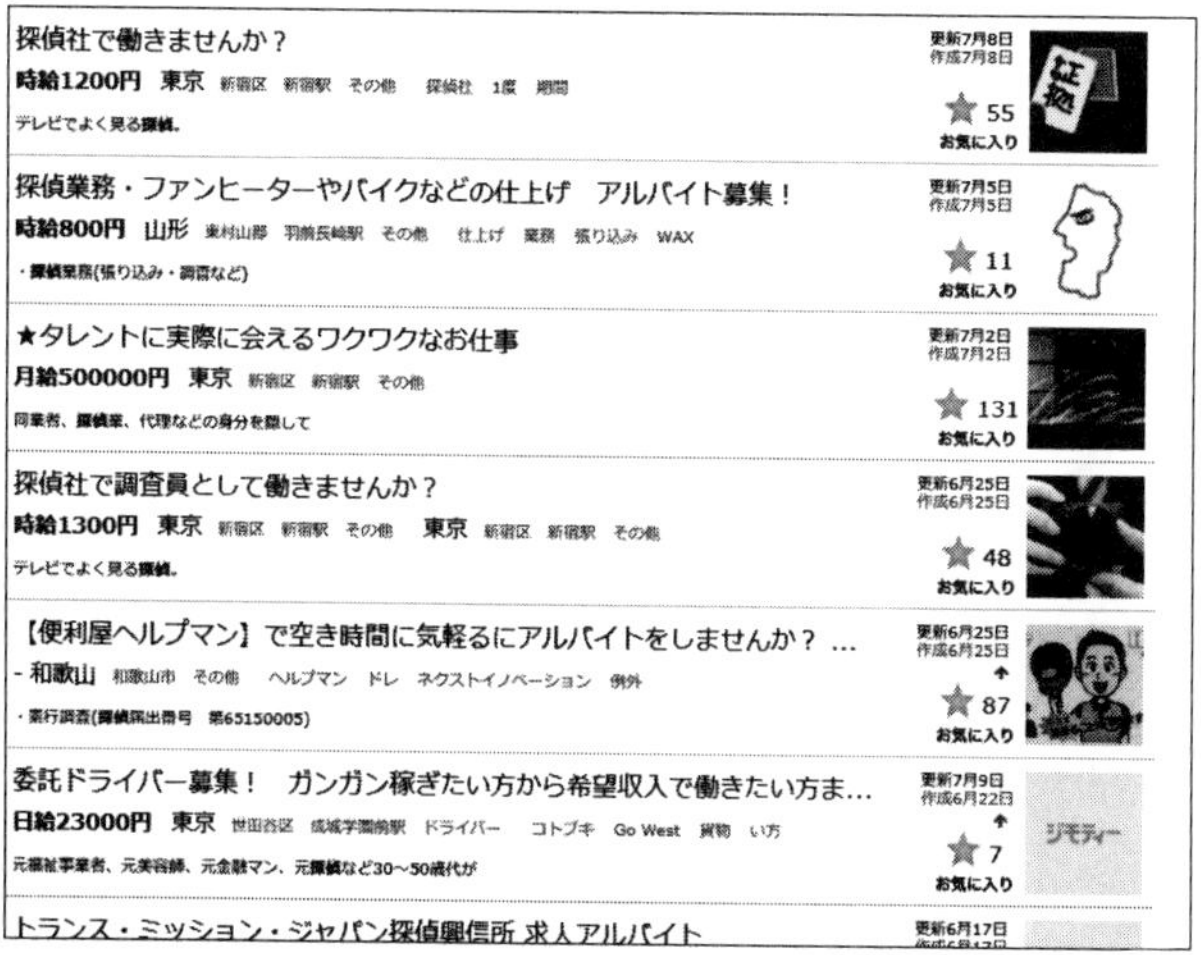

ジモティーでの探偵募集はけっこう多い

務所に来てくれる?」

　特に持ち物もいらないようで、履歴書も必要ないとのこと。いきなり面接まで進めるあたり体力さえあれば誰でもいいようだ。

　翌週の面接当日。新宿駅西口の雑居ビルを訪れた。他のテナントも日焼けサロンやら消費者金融やらといったいかがわしいものばかり。いかにも探偵の事務所がありそうだ。4階の探偵事務所のドアをノックして開ける。やっぱり、面接を受けるのは何度やっても緊張するなあ。

「失礼しまーす」

　部屋の中は小ざっぱりとしていて清潔感がある。探偵の事務所といえば小汚いイメージがあったが、白を基調とした健全な内装。ちょっと拍子抜けだ。

「はい。どちら様ですかー?」

　奥から日に焼けたスーツ姿のイカツイ男性が現れた。首には金のネックレスをつけていて、ヤクザみたいな風貌だ。こわ。

「あ、野村君だっけ?　待ってたよ。じゃあ、そこに座ってくれるかな?」

　黒い革張りのソファに向かい合わせで座る。壁の棚には『探偵業届出証明書』と書かれた紙が置いてあるので、一応ちゃんとした会社であることは間違いないようだ。

「ども、ここの所長です。よろしくね。まず、シフトはどれくらい入れるのかな？」

「はい。いつでも大丈夫です」

「それは助かるよ。この仕事って、終わるまでどれくらい時間がかかるかわからないからさ」

ん？　どういう意味だ？

「日によって働いてもらう時間が変わってくるから、余裕がある人の方がありがたいんだよ」

そんなに大変なのかよ。

「じゃあ、1日の勤務時間でどれくらいなんですか？」

「うーん、日によるかな。夕方から3時間くらいで終わることもあれば、朝まで待機することになる可能性もあるから…」

そんな話をしている最中に所長の電話が鳴った。

「ちょっと、ゴメンね」

ソファを離れて電話を取る氏。。

『もしもし、どうしたの？』

口調から察するに部下からの連絡があったようだ。

『うん。じゃああと半日くらい待機して、出てこなかったら帰っていいわ。それじゃ』

　電話を切って戻ってきた。

「いまの電話はどなたからだったんですか？」

「ははは、野村くんの先輩のバイトくんだよ」

　なんでも、浮気調査の張り込みで、今日の早朝からラブホテルの前でずーっと待機しているそうな。さらに今から半日も待つってことは計18時間とか？　ぶっ倒れるぞ。

「探偵はずーっと待つのが仕事だから、それだけ覚えておいてね」

　なるほど、やっぱり張り込みが基本のようだ。

「じゃあ、日程が決まったら連絡するから、待っておいて」

「はい。わかりました」

　いったいどんな依頼が待ち受けているのか、気が重いなあ。


「探偵業界って客の足元を見るんだよ」


　数日後、面接を担当した所長から電話がかかってきた。

『もしもし、野村君？　明日（土曜日）に川崎駅に来れるかな？』

『はい、大丈夫ですよ』

『じゃあ、16時にJRの改札の外で待っていてくれるかな？』

探偵の仕事は客の要望に合わせて動くので、いきなり仕事が入ることがあるらしい。

今回も突然の依頼が舞い込んできたんだと。

「特に何も持ってくる必要はないし、洋服も普段着でいいから」

ふーん、探偵といえばバレないようにサングラスやマスクで変装するものかと思っていたが、ちょっと残念だ。

言われたとおり、翌日の夕方に川崎駅に赴いた。休日ということもあって駅の構内はかなり混雑している。

待ち合わせ場所の時計台に所長が立っていた。おーい。

「お待たせしました」

「いやいや、時間どおりだから大丈夫だよ。対象者が来るまで時間があるから待っていよう」

対象者ってのが、今日尾行する男のことのようだ。今のうちに仕事の内容を聞いておくか。

「今日はなにをするんですか？」

改札でターゲットを待つ

「浮気調査だよ。あと1時間くらいで、その男がこの駅に来る予定なんだけど、その人を尾行するわけ」

なるほど。てか、なんでこの駅に来ることを知ってるんだろ。

「ああ、それは依頼主にあらかじめ聞いてるんだよ。それに念のため藤原っていうベテランの調査員が自宅から尾行してるから」

依頼の内容はこのようなものだ。

依頼主は40代前半の女性。旦那の浮気を疑って探偵に依頼したらしい。

ここ数カ月は定期的に学生時代の友人と飲みに行くという理由で家を空けることが多くなってきたとのこと。話を聞く限り、確かに浮気をしてそうだ。にしてもそれだけじゃ、川崎駅に来るとはわからないのに。

「一度ここまで依頼主が尾行してみたことがあったらしいよ。そこで女の人と待ち合わせをしてるところを見たけど、それ以上は調べなかったんだって」

「そのまま尾行しちゃえばお金もかからないじゃないですか」

「ははは。たしかにね。でも、決定的な証拠は探偵に依頼することが多いんだよ」

まあ、旦那が女とホテルに入るところは見たくないよな。

「それに自分でそこまで調べておいてくれれば、値段もそんなにかからないからね」

ふーん。そういえば探偵を雇う金額ってどれくらいなんだろう。

「今回の依頼だと20万かな。もしかしたらもっと安くなるかも」

「マジすか。結構しますね」

「いやいや、ウチはかなり安い方だよ。大手だったら最低でも50万はかかるよ」

たっか！　どっちも高額だよ。つーか、なんでそんなに金額が変わるんだ？

「調査費用は人数によって決まるからさー」

調査費は必要な人数と日数をもとに計算するようで、簡単な依頼であれば安くなるし、尾行に人数がかかる場合なんかは高額になってしまう。

「なんで大手はそんなに高いんですかね？」

「探偵業界って客の足元を見るんだよ。本当は3人で充分に調査できるのに、6人の調査員が必要ですってウソついたりね」

なるほど、俺みたいなバイトを使えば安くあげることができるもんな。

そんな話をしていたら、他の調査員がやってきた。


「キタキタキタ。撮れ、撮れ、撮れ！」


やってきたのは若い金髪の男性だ。いかにもチャラい雰囲気で、ホストだと言われても不思議じゃない。

「はじめまして、今日から入りました野村です。よろしくお願いします」

「うっすー、タナカです。よろしくねー」

なんかアホっぽい風貌だけど、幼い顔を見るかぎり、もしかして俺よりも年下なんじゃないのか？

「タナカさんはおいくつなんですか？」

「23だよ。野村くんは？」

「24ですね」

「やっぱ年上かー。ま、色々教えてあげるからさ」

けっ、年下の先輩かよ。なんか絡みづらいな。

「じゃあ、野村くんとりあえずラインを交換させてくれる？」

ライン？　何に使うんだ？

「一度に全員で移動したら不審がられるでしょ？　だから常にライン通話で会話しながら場所はバラバラに尾行するんだよ」

なるほど、理にかなっている。交換を済ませて今日の調査員たちが入っているグループに参加した。

もう1人のメンバーは、今まさに依頼主の自宅から尾行を開始している藤原だ。

「これで常に通話できるようにしておいてね」

「はい。わかりました」

所長が言う。

「おっ、もうすぐ対象者が来る。準備して。野村君はあっちの西側の改札。タナカは東側な」

「わかりました」

「これ、写真だから男の顔を覚えておいて。忘れないようにね」

対象者の写真を何枚か見せてくれた。夫婦が写っている記念写真だ。笑顔が眩しくて真面目そうな男性だ。一見、浮気者には見えないけどなあ…。

ライン電話をつないで各々が場所を移動する。いよいよだ。スマホから所長の声が聞こえた。

『対象者、もうすぐ来る。タナカの方に来るわ』

おそらく自宅から尾行している藤原から連絡がきているのだろう。

所長が電話口で語気を荒げて言った。

『キタキタキタ。おいタナカ。撮れ、撮れ、撮れ！』

タナカ側の改札に現れたようだ。

彼は鞄からハンディカムを取り出して、男の方にカメラを向けた。レンズは覗かずに男の方に向けているだけだ。バレないように注意しているのだろう。

改札をスーツ姿の男性が通りぬけてきた。遠目ではあるが、俺自身でも確認できた。写真よりもいくらか太っているが、本人に間違いない。なんだか事件の犯人を見つけた気分だ。めっちゃ興奮してきた。

『〇〇ホテルに入ったよ。出入り口確認して』

所長が一番前、その後ろにタナカ、そして最後尾に俺と藤原が縦に並ぶ形で尾行することになった。尾行がバレている可能性は低いが、念のため順番を変えるのだそうな。

藤原とは初対面なので、挨拶をする。彼はパーカー姿で30代半ばくらいだ。

「はじめまして。今日から入りました野村です」

「ああ、どうも」

テンションが低くて話かけづらい。根暗っぽい感じだな。なんとなく尾行は上手そうな雰囲気だ。

「ここからホテルに行くんですかね？」

「うーん。どう動くのかは正直わかりませんね。一人で入るかもしれませんし、本当は別の件でただ川崎に来ているだけって可能性もあるから」

たしかに、そうなったら面倒だな。

「何が起こるかわかりませんよ。絶対に気を抜かないように」

「はい。わかりました」

無駄口を叩くなと言われてしまった。集中せねば。

混雑している駅の構内を出て、繁華街の方向に進んでいく。イヤホンから先頭を行く所長の声が聞こえてくる。

『東口方面、ホテル街の方に進んでるね。あっ、対象者、セブンイレブンの前で止まった。女に話しかけてる、あっ合流した』

俺の目からは見えないが、どうやら不倫相手と待ち合わせをしていたらしい。そのままホテル街の方向に進んでいく。その途中でまたもイヤホンから指令が。

『ああ、コンビニに入るわ。ファミマね。近くまで来たら待機しといて』

2人はファミマに入った

調査員たちは集合することはせずに、互いに距離を取ってモノ陰に隠れた。

数分後、酒の入ったビニール袋を手にした二人がコンビニから出てきた。

そこで初めて女の顔を拝見。男よりも10才ほど若くて、美人系だ。仲良さげに話をする様子は、普通のカップルにしか見えない。思いっきり手をつないでるし。当然、尾行にまったく気づいてない。

その姿を見てなんともやるせない気持ちになる。なんだか男が可哀想だ。ま、自業自得なのは間違いないが。

そのまま歩みを進めてラブホ街に到着。特に周りを見回すことなく、豪華なホテルに入っていった。まさか、探

そしてやはりラブホへ

偵に尾行されてるなんて夢にも思ってないんだろうな。

『はい。〇〇ホテルに入ったよ。出入り口確認して』

満室の場合はホテルを出てきてしまうので、鉢合わせしないように気を付けながら、他の出入り口に先回りする。

入ってきた場所から出てくるとは限らないので、全ての出入り口を押さえておく必要があるのだ。

『はい。こっちは正面OK、裏口のタナカは？』

『OKです』

『西側の藤原と野村くんは？』

『大丈夫です』

このホテルは計3カ所の出入り口があるので、人数は十分だ。これだけ見張られていては、いくらバレないように出ていっても無駄だろう。すぐに出てくる気配がないので、どうやら入室したらしい。同行していた藤原が話し始めた。

「これで折り返し地点だね」

尾行している最中は一切口を開いてはくれなかったので、ようやく会話ができた。

「出てくるまでは、どれくらいかかるんでしょうか」

「うーん、今回みたいなのは、2時間か3時間くらいじゃない？」

こうやって話をしている最中も藤原は出入り口から目をそらすことはない。ずーっとビデオカメラを片手に注目している。

「まあ、本当に何が起こるかわからないよ。30分くらいで出てくる可能性だってあるし、もしかしたら明日の朝までいるかもしれないんだから」

うげぇ、先のことを考えるとつらくなってきた。

隠れながら待機できる場所を探すと、ちょうどいい場所に駐車場があったので、その看板の裏で待つことになった。回りからは死角になっているが、ホテルの出入り口を確認できる絶妙なスポットだ。

半年に一度は職質を受ける

「ここからが一番大事なところだから気を抜いちゃダメだよ」

ベテラン藤原によると、ラブホテルに入る瞬間はもちろんだが、二人で一緒に出てきたところの方が大事らしい。そりゃまたどうして？

「ほら、この写真って離婚するときの裁判の材料になるから。ラブホから出てきたってのは不貞行為の一番有力な証拠になるの」

ふーん。そういうもんか。

「これが鮮明に残せれば、裁判を優位に戦えるし慰謝料の額も桁違いだよ」

なるほど、だからバカ高い金を払ってでも探偵に依頼するんだな。嫁さんの気持ちがわかってきた。

今ごろ楽しんでんのかなぁ

何も動きはない。それなのに、ずーっと出入り口を眺めていなければならないこの状況。もう、しんどくなってきたよ。

正面入り口を張り込む所長が、ホテルに入る別の客の情報を電話口で繰り返している。

『あ、新規の客入ります。はい、次、一組出てきた』

『了解です』

滅多にないとのことだが、まれに他の客と同じタイミングで出てきてしまい、洋服が似ていたりして見失うこともあるので、常に客の入店情報を共有するのだそうだ。

それにしても同じ場所を常に見続けるのは苦痛だ。たまに視線を少しでも外そうものなら、一緒にいる藤原から檄が飛ぶ。

「おい、野村君、ちゃんと見て」

何度も注意されるが、あまりにヒマなので少しづつ眠くなってくる。こんな調子でいいのだろうか。

それから10分ほど経ち、あまりに眠そうなのを見かねて、買い出しを任されることになった。俺がいなくても出入口は確認できているので、パシリを任されたわけだ。

ライン電話で注文を取り、さっき二人が買い物をしていたファミマに入る。ああ、今ごろあの二人はセックスしてんのかな。なんで人のセックスが終わるのを待たなくちゃいけないんだよ。

それぞれの調査員がいる待機場所に飲み物と菓子パンを届けて任務は完了。藤原がいる駐車場に戻ってきた。

にしてもラブホテルの前でコーヒーなんか飲んでたら、かなり怪しまれそうだ。警察に職質されたりしないのだろうか。

「まあ、時々あるよ。半年に1度くらいかな」

そんなペースで職質受けてたら大変だ。俺がイメージしていたマスクとサングラスなんかしてたらもっと危険だったのかも。

「そのときは、警察にはどうやって言い訳するんですか？」

「言い訳っていうか探偵ですって言うだけだよ」

え？　それだけで解放してくれるの？

「名刺を見せて仕事中ですって言うだけ。相手もそれ以上は何も言ってこないよ」

探偵業は認可制で警察に許可をもらっているので、張り込みは全く問題はないのだそうな。ただし、その対応をしている間に対象者を見失ってしまったことがあるらしい。

「まだ、この仕事を初めて1カ月くらいのときだけど、メチャクチャ焦ったよ。会社に帰ったら所長にブチ切れられたし」

こわー。あのヤクザみたいな人に説教を受けるのは最悪だな。

その後も特に動きがあるわけでなく、ただただ、ひたすら出てくるのを待ち続ける。常に見張っていなくちゃいけないので、スマホを見ることは当然できない。時間を確認したくても、視線は出入り口を見ながらでないと時計を見ることすら許されない。これが絶対的なルールだ。

いくら待つだけといえども、落ち着くタイミングがゼロなので、これがまあシンドイ。精神的な疲労が蓄積される。

張り込みを開始して、ようやく1時間が経過した。眠くて眠くて仕方がない。特に変化は起きず、同じ場所で待ち続けるだけだ。

あまりにヒマすぎるので、頭の中で二人がセックスする様子を妄想してみた。1時間ってことは1回戦は終わったかな？　今はフェラでもしてんのかな？　こんな無意味な妄想で時間を潰すしかない。


「たぶん300万くらいとられるよ」

もうすぐ入室から2時間というところで藤原さんが言った。

「ラブホってショートと休憩があるだろ？　だから入室してから2時間と3時間のタイミングは特に注目しておいてな」

「はい。わかりました」

生返事をしてをボケーっと出入り口を眺めていたら、イヤホンから所長の大声が聞こえてきた。

『キタキタキタ。バッチリ！　バッチリ！』

どうやら、彼がいた正面入り口から堂々と出てきたらしい。想像していたよりもあっけないラストだった。さんざん眠気を我慢していたのだから、せっかくなら俺が見てたとこから出てきてほしかった。なんか損した気分だ。

「おし、張り込みは終了。もう一回尾行するから、最後まで気を抜くなよ」

「はい。わかりました」

駅から来た道をそのまま戻っていく二人。ホテルに入ったときと同じように全く警戒心はなく恋人つなぎでラブラブだ。というか警戒してても探偵が相手じゃ無駄だろうけど。

川崎駅の前で二人は別れて、女の方は別の方向に歩いて行った。

『タナカは女を追いかけて』

『はい。わかりました』

浮気相手を尾行するタナカさん。相手の家まで一応アタリを付けておいて、依頼主からこれ以上の依頼があったときに調べるようだ。どこまでも逃げ場はないんだな。

対象者の男はＪＲ京浜東北線に乗って帰宅の路に着いた。調査はここまでで終了だ。

「野村君これで一通りは終わり。今日は研修みたいなもんだったけど、どうだった？」

「いやあ、疲れました。あの男性はどうなるんですかね？」

「まあ、間違いないく離婚だろうね。たぶん３００万くらいとられるよ。彼は結構な高給取りだから」

うげえ、なんだか人の不幸で金をもらうって気分が悪いな。この仕事を続けるのは難しそうだ。適当な理由をつけて辞めることにしよう。

ドヤ街、寿町から派遣されるお仕事とは？

横浜市寿町編

『裏モノJAPAN』2019年11月号掲載

本書冒頭に掲載した「手配師はどんな仕事を紹介してくれるのか？」の続編として、新たなパターンに挑戦しよう。前回は高田馬場から出発したので、今回は東京を離れて横浜市にある「寿町」をスタート地点に設定した。寿町といえば、昔から日雇い労働者が多く暮らす街として有名だ。いったい、この地からどこに連れて行かれてしまうのか。下手すりゃ遠く離れた山奥なんてことも…。

「作業着と安全靴がないと紹介できないよ」

早朝5時30分。寿町周辺を散策してみたが数人の老人とすれ違うだけで、仕事を求める男たちの姿はない。

どこかに手配師はいないものかと歩みを進めると、公園に座る作業着姿の男が目に入った。恰幅のいい体つきに坊主頭。かなりイカツイ風貌だ。

そこに別の作業着の男が歩み寄って話かけている。これは仕事を斡旋しているにちがいない。声をかけてみよう。

「すみません。仕事を探してるんですけど…」

ギロっとコチラを睨みつけて答える。

「えーと、何才?」

「24です」

頭のテッペンからつま先まで、舐めまわすような視線を浴びた。どうやら労働力として使えるか、値踏みされているようだ。顔が怖いよ。

「ふーん。作業着はある?」

手配師はどこにいるのか

「すみません。貸してもらえたりしませんか？」

「ははっ！　最低でも作業着と安全靴がないと紹介できないよ」

あっけなく落とされてしまった。

さらに周囲を歩いて探してみたが他の手配師の姿は見当たらない。そこに1枚の張り紙が目についた。『土木作業員募集』と書かれている。寿町界隈にはこの手の求人がいたるところに貼られているのだ。仕方ない、手配師がダメならコッチで攻めてみるか。

手当たり次第に電話をして、仕事を紹介してほしい旨を伝えてみた。

しかし、土木の経験も道具もなしで

は採用も難しいようで、断られ続けるハメに。

やっぱり無理か、と半ば諦めかけていたそのとき、電話口の相手から思いもよらぬ反応があった。

『まだ、確定じゃないけど、住み込みで紹介できるかも。決まったらまた連絡するよ』

よっしゃ！　これに期待するしかない。

数時間後、電話があり正式に採用が決定した。仕事は明日の早朝から。寿町で待ち合わせてから寮に案内され、そのあとで現場に向かうことになるそうな。

仕事をゲットできてひとまず安心。とはいえ、どんな内容かは全く知らされていない。

大丈夫だろうか…。

「かなり疲れるから覚悟しておいてね」

翌日の朝6時、寿町に戻ってきた。電話で指定されたコンビニの駐車場に、白い大型のバンが停車している。おっ、あれか？

バンの近くまで駆け寄ると、ドアガラスの向こうから白髪のオッサンが顔を覗かせた。

「野村君だっけ？　今日からよろしくね。後ろに乗ってくれるかな」

優しそうな人でよかった。言われた通りに後部座席に乗り込む。車内は俺と運転手のオッサンだけで同乗者はいない。これからどこに連れてかれるのか、山奥の秘境じゃないことを願うとしよう。

「あのー、今日って何をやるんでしょうか？」

「いやあ、寮に行ってみるまではわかなんないね」

「はあ、そうなんですか」

なんだよ。全然参考にならないじゃん。この会社、大丈夫か？

「いやあ、ゴメンね。君を連れて来いってことしか頼まれてないからさー」

運転手のオッサンは現場のシフトを組む担当ではないらしい。彼は採用や寮の管理をしてるんだと。ま、それなら無理もないか。発車してまもなく車は首都高に乗り込んだ。もしや東京方面に行くのか？　まさか寿町で都内の仕事を募集するとは思えないが、そうだとしたらラッキーだぞ。

しかし、そんな希望はスグに消えた。進路は北西、神奈川県の北部に向かって進んでいるようだ。

その後、首都高から保土ヶ谷バイパスに移って、相模原方面に進路をとった。うーむ、このまま行けば、大山だとか丹沢山みたいな僻地に連れていかれるかもしれない。不安が募る。

　車内の気まずい空気を察して、オッサンから話しかけてくれた。

「野村君は肉体労働の経験はあるの？」

「いえ、ほとんどないですね」

「そっかあ、外での仕事は経験がないと、かなり疲れるから覚悟しておいてね」

「は、はい」

「もし、ツライ現場だったら、場所替えしてくれるかもしれないから、早めに言うんだよ」

　場所替え？　どういう意味だろう。

「ああ、うちの会社はいろんな現場に派遣してるからさ」

　日によって働く現場が変わることもあれば、何年も同じ場所に派遣されることもあるらしい。

　そのため派遣先も多岐にわたり、道路工事から建築の鳶職など、いちおうは本人の希望に沿った場所に送られるそうな。

　ま、いずれにせよ力仕事には変わりない。どこに派遣されたって疲れるのは一緒だ。

「まあ、未経験ってことは聞いてるから、初日からキツイ現場に派遣されることはないと思うよ」

その後、町田インターチェンジで東名高速に乗り換えて、一路西方へ。20分ほど走ってから厚木市内の出口で高速を降りた。まだ神奈川県の中央部だぞ。高速を使うぐらいだからもっと遠くまで連れていかれるかと思ったが拍子抜けだ。

1日で稼げるのは5700円

朝7時少し前、寮に到着した。4階建ての団地みたいな建物が見える。寮といえばアパートくらいのサイズを想像していたので驚きの大きさだ。周囲も普通の住宅街だし全然辺鄙《へんぴ》な場所じゃない。

車を降りて、寮の一角にある事務所を訪れたが社員の姿がない。あれ、どうしたんだろう。

「すみませーん。今日からお世話になる野村でーす」

少しして奥から声が聞こえてきた。

「はいはい、今行くから、ちょっと待ってて〜!」

いそいそとやって来たのはチャラそうな空気をまとった30代の男性だ。片耳にはピアスまでしてるし。

「どうも〜、ちょっと面接するから来てくれるかな!?」

調子のいい人だ。日に焼けてガタイがゴツく、モロに肉体労働者って感じだ。

彼に連れられて寮の食堂で面接をすることに。といっても簡単な世間話をしながら、履歴を語っただけですぐに終了。所要時間は5分って、どんだけゆるいのよ。

そういえば大事なことを聞くの忘れてた。ここって給料はいくらなんだろう。

「えーと、経験者は9千500円スタートなんだけど、野村君は未経験だから9千円だね」

うーむ、かなり安いな。

さらに、ここから寮費が1900円、

なかなかいい寮だ

3食のメシ代が1400円引かれる。なので1日で稼げるのは5千700円ぽっちだ。寮費と食費がかなりお高いような。

「いちおう、前借りもできるんだけど、入社して10日間は3千円までだから。よろしく！」

なにが「よろしく！」だ。自由に使えるのが1日3千円って。いまどき高校生のバイトの方が裕福だぞ。

「はい。これで面接は終わり。じゃあ現場に行ってもらうから、急いで準備してくれる？」

チャラ男から作業着、手袋、安全靴を受けとって、着替えのために寮の部屋へ。用意されたのは4階の一室だ。エレベータがないので走って駆け上がる。

1Kの和室で広さは6畳ほど。築年数は経っているようで所々ボロいが、一人部屋なことも含めて、寮の質としては上位の部類に入るのではなかろうか。エアコンとテレビが常備されているので住み心地も良さそうだ。急いで作業着に着替えて、食堂で弁当を受け取り、集合場所の駐車場へと向かう。

いよいよ、一緒に働く同僚たちとの顔合わせだ。

足に釘が刺さって破傷風になった人も

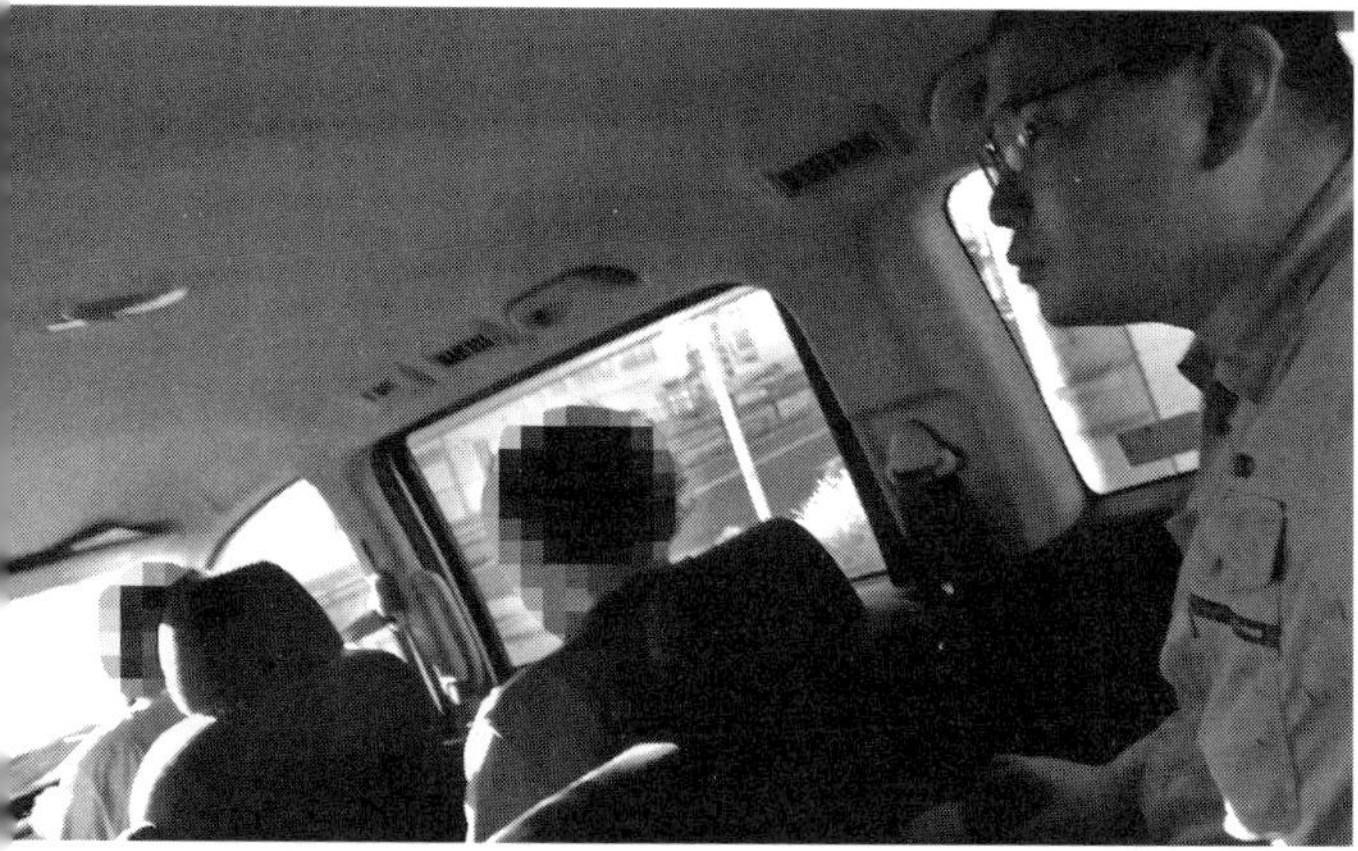

どこに連れていかれるんだろ……

すでに数名の作業着姿の男たちが集まっていた。みな一様に無言で重苦しい空気が漂っている。とりあえず挨拶しておくか。

「今日から入社しました野村です。よろしくお願いします！」

誰かが小声で「ウッス」と返しただけで、あとは全員シカト。会釈くらいしてくれてもいいのに。

先ほどのチャラ男が従業員に指示を飛ばす。

「じゃあ、読み上げます。○○さんは2号車。××さんは4号車」

現場ごとに乗り込む車が決まっているらしい。

「じゃあ、野村君は3号車に乗ってー」

言われた通りに白のワンボックスカーに乗り込む。後から年齢がバラバラの4人が乗車してきた。俺を含めて5名のグループだ。彼らと1日を共にするらしい。

発車してまもなく、前の席に座る70近いシワくちゃのジイさんが話かけてきた。

「おい、あんた今日が初めてなんだってな」

「はい。よろしくお願いします」

「いま、運転してる高橋さんって人が班長だから、あの人に教えてもらいな」

「はあ、高橋さんですか」

「そうそう、何かあればあの人に聞けばいいから。全部教えてくれるよ。ま、せいぜい頑張れよ」

産廃の処理場でした

暗に俺には話しかけて来るんじゃねえぞ、と言われてるみたいだ。

班長の高橋さんは40才くらいで細身の体つきをしている。見るからに優しそうなオジサンだ。よし、覚えておこう。

この会話を最後に車内は静かになり、みなダルそうに窓の外を眺めている。現場行きたくねえ。全員がそう考えているようだった。5人の男を乗せた車は20分ほどで現場に到着。なにやら工場みたいな場所で、大型のトラックが行き来している。いったい何をさせられるんだろう。

「野村君！　ちょっと来て！」

班長に呼ばれた。

「これから、工場長に会いに行くから付いてきてくれる？」

新人は毎回工場長に挨拶してから仕事を始めるのが通例とのこと。ついでに仕事の内容も聞いておくか。

「高橋さん、仕事の内容を教えてもらえませんか？」

「ああ、野村君は初めてだもんね。ここは産業廃棄物の中間処理場って言って、業者から持ち込まれたゴミを仕分ける場所なの。その中から売れそうな物を取り出すのがうちらの仕事だよ」

なるほど、だからトラックが走ってたのか。要するに廃棄されたゴミの中から、金に変わる資源を見つけるってことだよな。聞こえはいいけど、ゴミにまみれて仕事するわけだ。いかにも寿町で紹介されそうな仕事だ。

「ガラスの破片とか、先がトガった物も多いから怪我だけは気をつけてね」

過去には安全靴を貫通し、足に釘が刺さって破傷風になった人もいたらしい。

工場長に簡単な挨拶を済ませて同僚が待つプレハブの詰所へ。この中だけはクーラーが効いていて涼しい。まだ、朝なのに外はかなり暑く、セミがミンミン鳴いている。もう9月だってのに今日の最高気温は30度をゆうに超えるらしい。そんなに長い時間外で作業したことないけど、大丈夫だろうか。

「おーい、死んじまうぞー」

朝8時、班長がスクっと立ち上がった。

「そろそろ朝礼の時間なので行きましょう」

全員で詰所を出て、産廃処理場の中に移動。場内にはズラっとクレーン車やフォークリフトが並んでいる。間を縫って中央の広場に移動して整列だ。

そこには50名ほどの作業着姿の男たちが派遣会社ごとに並んでいる。俺たちと同じような人が主な労働力のようだ。

ながったらしい工場長の訓示を受けて、全員でラジオ体操をする。たった15分ほど外にいただけなのにじんわり汗が滲んできた。この暑さには後々苦しまされそうだな。

体操を終えて、それぞれの持ち場に移動。いよいよ、仕事のスタートだ。よし、がんばるぞ。

仕事の流れはこうだ。

まず、クレーン車が産廃の入ったデカいゴミ袋を持ってくる。その中身を手作業でバラして、ゴミを分別しながら周囲に置いてあるコンテナの中に放り込んでいく。

これだけ聞けば簡単そうだが、コンテナはクレーン車を中心にコの字型に15個も並んでいて、それぞれ細かく分類が決まっているのだ。

突如、クレーン車が動き出して、大きなズタ袋を目の前に移動させた。よし、これを全員で仕分けていくんだな。

「高橋さん、自分は何をすればいいんでしょうか」

「このコンテナはそれぞれ種類が決まってるから覚えながら仕分けていって」

コンテナごとにコンクリ、木片、段ボールなどに分かれている。思っていたより分別

正直、メチャきついです

が細かいようだ。

中でも汚れた廃プラスチックとキレイなプラスチックの見分けは入社初日の俺じゃ難しい。汚いってどの程度だよ！　ってイライラしてくる。

仕方ない。わかりやすいものから始めるとしよう。とりあえず目の前にあったビニールの袋を手にとり、カッターで切って中身を確認する。そこには木片や段ボールに混ざってに大量の吸い殻や腐った弁当までグチャグチャに入ってる。うげえ、気持ち悪いなあ。

とりあえず段ボールと木片を仕分けてコンテナに放り込む。

持ち込まれるのは、家庭ゴミではなく建築資材やスクラップなどの産廃と聞いていたが、工事現場で出た飲食物のゴミなんかも混ざっているので、ニオイもキツイ。

さらに、クレーンが運んできたゴミ山から木片や段ボールを選んでコンテナに持っていく。

突然、70のジイさんから檄《げき》が飛んだ。

「おい、チマチマやってないで一気に運べや」

「すみません！」

「ったく、時間かけんなよ」

当然のことながら、ここにいる誰もがコンテナの中身と位置を正確に把握しているため、テキパキと動いている。中には遠くのコンテナに石材を投げ込んでる人までいる。当たったら怪我するぞ。

一方の俺はコンテナの中身を確認してからでないと間違えて仕分けてしまうので、自然とテンポが遅くなるのだ。これぱっかりはしょうがない。

とりあえず見た目でわかるものだけに的を絞り、コンテナの位置を頭に叩き込む。素早く仕分けるにはこれしかない。木片と段ボールはどこだ。木片と段ボール…。ゴチャ混ぜのゴミにまみれながら、ターゲットを見つけだす。

うつむきになって血眼で探していたら、今度はクレーンの運転手からマイク越しに呼びかけられた。

「ちょっと！　気を付けて！」

顔を上げると、クレーンが頭の上スレスレをかすめていった。ヒッ、危ない！

「おーい、死んじまうぞー」

いくらヘルメットをしてるとはいえ、モロにくらえば無事では済まない。気を付けなくちゃ。

仕分けを続けるうちに、よくわからからないクサイ汁が手袋にシミ込んできた。汗をぬぐうときに鼻に触れて嫌でも嗅いでしまうのだ。

それでも汚そうなゴミはなるべく触らず、先輩に任せようとラクをしていたのだが、次第に慣れてきて、どうせ全身汚れてるから関係ないという気分になった。ゴミにまみれてしまえば、自分もゴミと同じようなもんだ。

ついに辺りには木片と段ボールがなくなったので、分かりにくいけどプラスチックを仕分けることにした。

えーと、これはキレイなままだからこっちで、これは泥で汚れてるから廃プラかな。

見よう見マネでやっていたら、班長の高橋さんから注意が。

「野村君！　泥で汚れてても大丈夫だから、こっちに入れて」

「わかりました」

なるほど、泥くらいの汚れはいいのね。じゃあ、これもキレイなプラかな。

「ちょっと！　よく見て。ペンキがついてるからそれは廃プラだよ」

んなこと知るか！　基準がよくわからん！

どうせ大した金額にもならないのに、こんなことに体力を奪われて、少しずつ頭がボーっとしてきた。

俺のやってることに意味はあるのだろうか。寿町の手配師に紹介されるのは、3Kの代表のような劣悪な環境だったみたいだ。


「今はあのころに比べればマシかな」

頭では考えずに手だけ動かしていると、少しずつ身体が慣れてきた。余計なことを考えちゃできない仕事だな。無心になって手を動かしているうち、場内に正午を知らせる

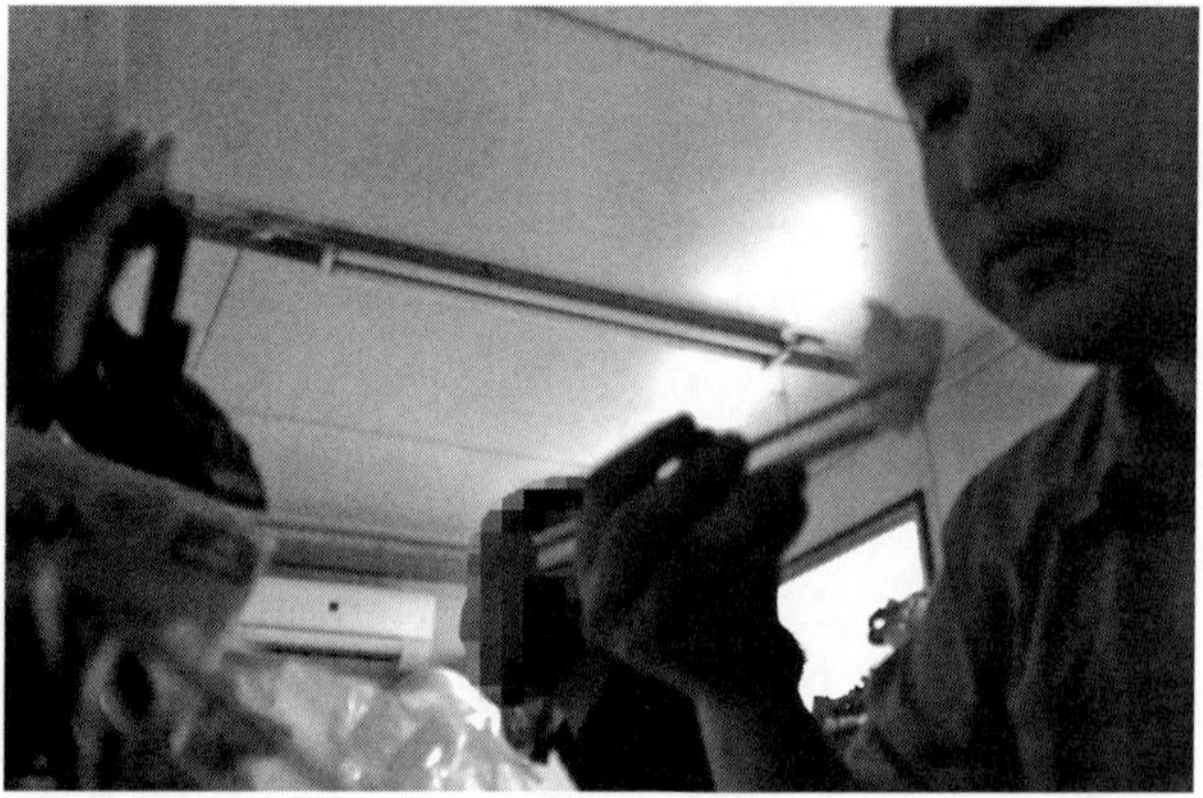

メシも喉を通らない

チャイムが鳴った。ようやく昼休憩だ。詰所に戻って疲れを癒す。はあ、もう帰りてえなあ。

「お腹は減ってないだろうけど、食べておかないと、午後死ぬからね」

班長の高橋さんが声をかけてきた。この人だけは優しいな。

言われたとおり、空腹感のないまま無理矢理に弁当を喉の奥に詰め込む。ああ、気持ち悪い。

「高橋さんはこの現場は長いんですか?」

「そうだねえ、もう3年になるから、結構なベテランだね」

「その前は何を?」

「あはは、ネットカフェ難民をやってたよ」

苦笑いしながら経歴を語ってくれた。彼は現在41才。この会社に入る前の2年間はネカフェから日雇いの仕事に通う毎日だったそうな。しかし、年を重ねるごとに採用される仕事が減ってきたので一念発起し、現在の職に至るという。屋外での仕事は未経験だったので、入社当時はかなり苦労したとのことだ。

「それでもネカフェで寝るのと、布団で寝るのとじゃ疲れの取れ方が違うからさ。今はあのころに比べればマシかな」

遠い目をする高橋さん。人に歴史ありって感じだな。

「それにしたって野村君は若いんだから、ちがう現場の方がいいんじゃない？」

「はあ、そうですか」

「ここは何才になっても体さえ動けば雇ってくれるからさ。別の現場に行ったほうが経験も積めるよ」

たしかに産廃処理の現場に来ているのは60を超えたオッサンが半数以上を占めている。40の高橋さんでも若い部類だ。

長話をしているうちに昼休憩は終了。13時から再び作業開始だ。

この時間は太陽が真上にあるので一番暑い。近くの温度計は34度を指してる。地獄だ。

しかも、場内にはゴミが出す粉塵の対策として、常に大量のミストが噴出している。これが湿度を上げるので余計に蒸し暑い。滝のように汗がダラダラと流れてきて、冗談抜きに熱中症でぶっ倒れそうだ。

このままじゃ体力がもちそうにない。周囲にバレないよう、動作をゆっくりにして作業を続ける。あー、早く終わってくれ！　あまりの暑さに意識が朦朧《もうろう》としたところで、10分休憩の合図が鳴った。

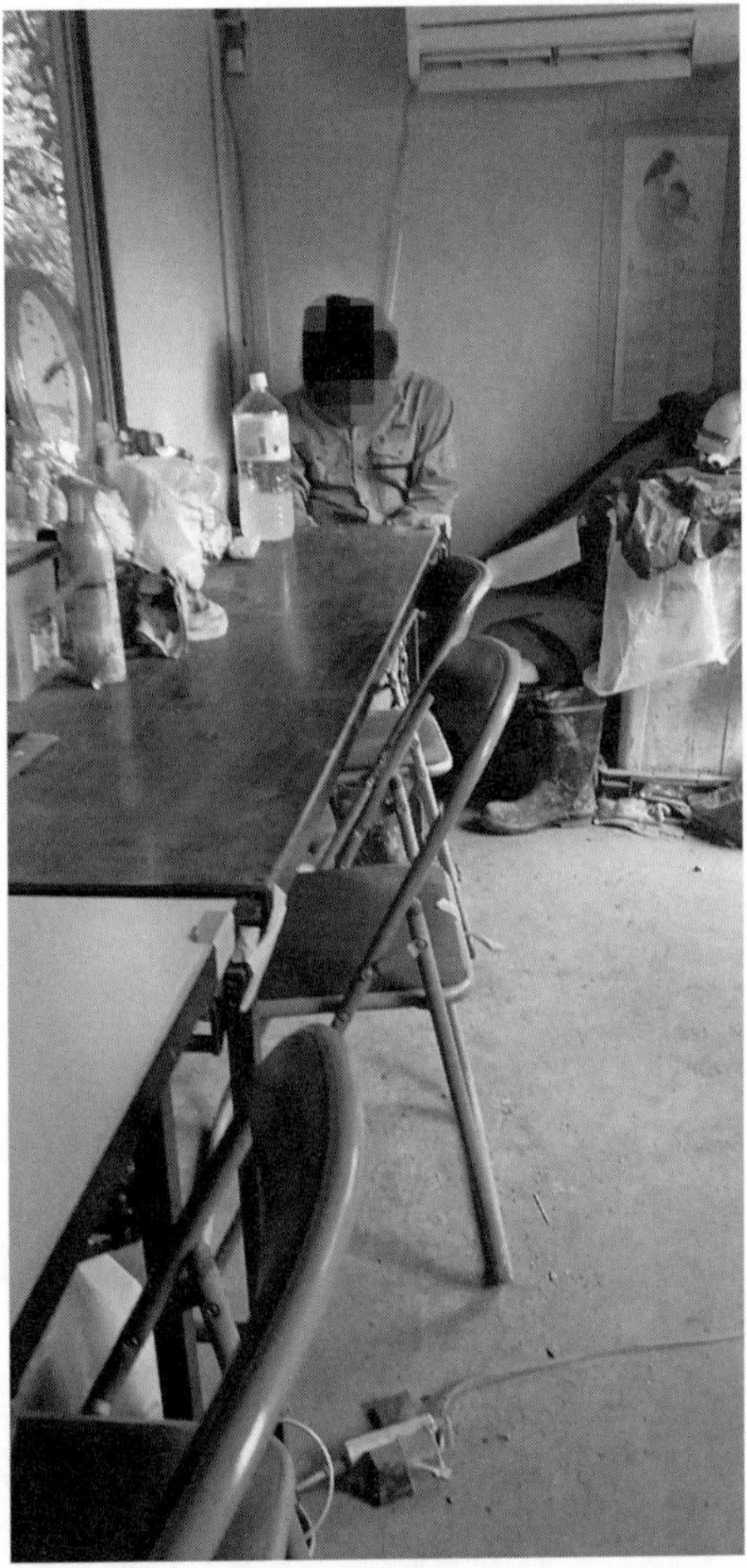

みんなグッタリ

詰所に戻って水をガブ飲みする。もうやってらんねえよ。

同じタイミングで班長以外の3人も休憩していた。ちょっと時間があるし話かけてみよう。この人たちもベテランさんなのかな。1人目は30代半ばくらいのヒゲ面の男。この中では俺と一番年が近そうだ。若い者同士で仲良くしましょうや。

「お疲れ様です。やっぱり大変な仕事ですねー。もう長いんですか？」

スマホに目を向けたまま、こっちを見もしない。数秒の間があって一言。

「…ああ」

話しかけんなオーラがビンビン伝わってくる。休憩時間なんだし、ちょっとお話してくださいよ。

「でも、先輩は仕分けが早くてスゴイですよね」

「………」

返事はない。お疲れのようだし他の人に話かけよう。

お次は50才くらいのうすらハゲの男だ。ボーッと部屋のスミを見つめている。

「お疲れ様です！　いやあ暑いですね！」

「……チッ」

シカト&舌打ちのダブルパンチ。こりゃダメだな。

「おい兄ちゃん、ちょっとは静かにしねえか」

70のジイさんだ。この人は怖いから苦手なんだよなあ。

「いやあ、疲れますね！」

「なに言ってんだ。若いんだから文句垂れるな」

なんで休憩時間まで説教されなくちゃいけないんだよ。つーか、話しかけてもロクに返事の一つもしてくれないってどうなんだ？

この人たちが何者なのか、少しも分からないまま休憩は終わった。ま、コミュ障なのは間違いない。やっぱりこういう場所で働く人は一癖も二癖もあるようだ。

まあいい、もうすぐ仕事も終わるし、ラストスパートだ。

脱走の体力すら残っていない

時刻は17時。あと30分で業務終了だ。この時間になると、歴戦の同僚たちといえども疲れの色が見え始め、作業のスピードが著しく遅くなってきた。

常に中腰でゴミを仕分けるので腰が痛い。しかも全身泥だらけのグチョグチョで作業着も重たい。ここにきて粉塵の影響でノドまで痛くなってきたし。満身創痍とはまさに

絶対、脱走してやる

このことだ。なんだか惨めな気分になってきた。早く終わってくれることを願いながら、5分に1度のペースで時計を確認する。もう、帰りたい。早く時間が進んでほしい。

　しばらくして遠くの方から「終了でーす」という声が聞こえてきた。ようやく終業時刻の17時30分を迎えたのだ。はあ、人生最高に疲れたかも。

　車に揺られて寮に戻る。来るときと同じく誰も声を発さず、静かに到着を待っていた。もう、何も考えられそうにない。

　寮の事務所でチャラ男から前借りの3千円を受け取って本日は終了。これだけ働いて

３千円。泣けてくる。

　そのままの足で食堂に向かい、夕飯のカレーを食おうとしたのだが、あまりの疲れでノドを通らなかった。ええい、もう残しちゃえ。

　重たい足で階段を上り、やっとの思いで部屋に到着。泥と汗にまみれた作業着を脱ぎ捨てて布団に潜り込んだ。もう無理。逃げよう。頭の中には脱走の二文字が浮かんでいた。

　しかし、荷物をまとめる体力すら残っていない。仕方ないので少し眠ってから逃げることに決めた。

◉

　ドンドンドンドン。

　ドアが激しく叩かれる音で目が覚めた。

「おい！　野村！　起きろ。時間だぞ！」

　ヤバイ！　窓からは朝日が差している。時刻は朝６時。あまりの疲労にすっかり眠っていたようだ。クッソ、失敗した！

　この日の脱走は不可能だと判断した俺は、全身筋肉痛の身体で前日と同じ仕事をこなし、２日目をなんとかやり遂げた。

　寮に戻るや否や、着替えとシャワーを済ませ荷物をまとめて脱走だ。２日働いて手元には6千円だけ。きっつー！

ゴミ収集バイトはやっぱりツラかった！

『裏モノJAPAN』2019年12月号掲載

今回も新たな仕事に挑戦するため、ネットの求人サイトを開いた。

前回は産業廃棄物の処理場でゴミの仕分けをしたので、今回もゴミつながりで収集の仕事なんてどうだろう。傍から見るかぎり、収集車にゴミを放り込むだけの楽な仕事っぽいし。でもああいう仕事って、行政の管轄だからバイトの募集はしてないのかな。どうなんだろ？　気になったので探してみたところ、都内のゴミ収集の求人を発見。どんな仕事をやらされるのか。ラクに稼げたら最高なんだけどな。

「社員ってことになると体面が…、ねえ…」

さっそく、サイトに書かれた番号に電話してみた。

プルッ、ガチャ
1コールで出たよ。

「お電話ありがとうございます。ジョブチャンスの竹内です」

「あのー、ネットの求人を見て、ゴミ収集の仕事に応募したいのですが…」

「はい。つきましては一度弊社で面接を受けていただいてから、ご希望の会社にご案内いたします」

あれ？　ここはゴミ収集の会社ってわけじゃないのか？

「ええ、弊社は人材派遣を承っております」

なるほど、よく耳にするハケンってやつか。うーむ、派遣会社を介してバイトを見つけるってのも、ちょっと面倒だな。

いったん電話を切ってから他の求人サイトも見て回ったのだが、不思議と都内の業者はどこも派遣会社を介した求人しか行っておらず、結局は先ほどの派遣会社ジョブチャンスで面接を受けることにした。ゴミ収集のバイトは直接雇ってはいけないルールでもあるのだろうか。

その日の午後、派遣会社を訪れて面接をすることになった。

雑居ビルの一室に足を運ぶと、輝く笑顔のスポーツ刈り青年がやってきた。

「はい、どーも！　そこに座っててくださいねー！」

促されるまま、面接がスタートした。

「えーと、野村君の希望は収集のお仕事ってことでいいんだよね？」

「はい。そうです」

「まあ、野村君の年齢なら体力は大丈夫だよね。いつから働けるのかな？」

すぐにでも働きたい旨を伝えて、面接は終了。そうだ、気になっていたことを聞いてみよう。

「あの、一ついいですか？　求人を探していたら、どこの業者も派遣会社を使っていたのですが、何故なんでしょうか？」

「あー、それはねえ。ちょっと事情があるっていうか」

ん？　表情が曇ったぞ。どんな事情があるんだろ。

「言ってなかったけどね、実はこの仕事って事故とか怪我が多いのよ。収集車で通行人をハネちゃったりとか」

おいおい、そういうことは最初に言っておいてくれ。

「そうなったときに東京都から仕事を請け負ってる会社の社員ってことになると体面が…、ねえ…」

つまり、自社の従業員がミスをするより、派遣会社の人間が起こしたってことの方が都合がいいらしい。うーむ、そういうもんなのか。

「スグにやめちゃう人が多いから、自社での採用が面倒ってのも理由の一つではあるんだけどね」

いずれにせよ、あんまりいい理由じゃないな。なんとも労働意欲がそがれる話だ。

「勝手に取ったら窃盗だから！」

翌日の朝8時30分。派遣会社の面接官と待ち合わせてから、集積場を訪れることになった。

今日は仕事内容の詳細説明と、顔合わせが目的とのこと。いったいどんな場所に連れていかれるのだろう。ドキドキしてきた。最寄りの駅から徒歩で10分ほどの道を行くと、ゴミ収集車が頻繁に出入りする施設が現れた。大量の収集車と軽トラックが並ぶ姿はなかなかスゴイ景色だ。

入口で浅黒く日焼けした50がらみの男性から声をかけられた。

「今日面接予定の方ですよね？　私はここの人事を担当してます。では、こちらにどうぞ」

従業員の待合室に通されて、俺と派遣会社の人、そして人事の三社面談が始まった。

「えーと、いきなりなんだけど、いつごろから仕事を始められそうかな？」

「いつでも大丈夫ですよ」

「おし、じゃあ明日からやってみるか？」

こんだけスグに採用するなら、それこそ派遣会社を通す必要ないような気もするが、まあいいか。

「あの、詳しい業務内容を教えてもらえますか？」

「えーと、明日この事務所に朝6時40分に来てもらえるかな？」

うげっ、予想はしてたけど、やっぱり出勤時間メッチャ早いな。

「それで7時過ぎくらいに収集車に乗って出発してもらうから」

先輩の収集員とドライバーと俺の3人で現場に向かうそうな。当日は先輩に教えてもらいながら動くとのこと。

「ま、単純作業だから覚えることは少ないし、すぐに慣れると思うよ」

そりゃ、よかった。

「ただし気を付けてほしいのが、勤務態度ね。一般の方は区の職員だと勘違いしてるから、役所にクレームをいれちゃうのよ」

清掃着姿の男のマナーが少しでも悪いと、周辺住民の中には区役所にクレームをつける奴もいるらしい。中には収集車の外で水を飲んでるだけで文句を言われることもあるという。理不尽な話だ。

「あと、ゴミ捨て場にまだ使えるものが落ちてることがあると思うんだけど、勝手に取っちゃダメだからね」

「いやいや、そんなことしませんよ」

「中にはまだ使えるアイフォンを捨ててあったりするからさ」

へー、そんなこともあるのか。

「お金になりそうな物を取ったら窃盗だからね。絶対やめてよ」

この口ぶりから察するに、以前問題になったことがあるのかもしれない。まあ、ゴミ置き場にあったら盗んでもバレなさそうだし、出来心が起きても不思議じゃない。

「面接は以上なんだけど、最後に一つ、野村君ってタバコを吸う人かな?」

「はい。まあ吸いますけど…」

「ああ、そりゃよかった。うちの会社の人間はタバコを吸う人が多いから、吸わない人にはツライ環境なんだよね」

ここで働く人の9割以上が喫煙者とのこと。今どき珍しい職場だ。勤務中でも狭い車内で吸いまくるので、禁煙者にとっては地獄なんだそうな。

「それじゃ、明日からよろしくね！」

よし、とりあえず働けることは決定した。どんな人と一緒に仕事をするのだろうか、優しい人だといいな。

「ボクはナイジェリアから来て2年も働いてる」

初めての出勤日を迎えた。今日からは派遣会社の人はおらず、一人で出社だ。

朝5時に起床して、まだ朝日の昇らない中を電車で駅に向かう。眠いなあ、おい。

時刻は6時40分。昨日と同じように事務所の中に入り、挨拶をした。

「おはようございます。今日からお世話になる野村です！」

事務所はシーンとしていて、大声で挨拶をしたのに誰からも返事はない。こっちをチラっと見ただけで、みんなシカトして通り過ぎる。もう少し愛想がよくてもいいのに。

昨日面接してくれた人が走ってきて、作業着と安全靴を渡してくれた。

「はい野村君、これに着替えてから、待合室で待っててくれる？」

待合室の奥にあるロッカールームでは、10名ほどの中年収集員たちが、せわしなく着替えていた。

聞こえてくる会話は野球とギャンブルの話ばかり。阪神が日本シリーズに行ったら絶対に休みをとるだの、菊花賞はどの馬に賭けるかだの、まるまるスポーツ新聞かのような内容だ。

着替えを済ませて待合室に腰かける。他の面々は朝飯を食ったり、スマホをイジったりと自由な時間を過ごしている。みんな仕事の前にひと休みってところだ。

その中で気になる二人組の姿が。アフリカ系っぽい黒人青年たちで、なにやら聞きなじみのない言語で談笑している。

この二人は何者だろう。話しかけてみるか。

「おはようございます。今日から働き始めるんですけど、お二人はもう長いんですか？」

黒人の一人が答えてくれた。

「ボクはナイジェリアから来て2年働いてる。こっちはまだ3カ月だけ、言葉しゃべれない」

へー、ナイジェリアからわざわざ東京くんだりまで。

それにしたって、なんでゴミ収集の仕事を選んだのだろう。

「ボクたちのこと雇う日本人は少ない。みんな怖がるからダメって言う。だからこの仕事にした」

黒人の彼らが働ける場所は東京には少ないそうだ。日本人の島国根性が現れている。もう一人の日本語が苦手という青年も会話に加わった。

「走るは好き。それだから、ここはいい仕事ですね」

なるほど、たしかに筋肉質な身体をしていて、俊敏な動きをしそうだ。

「日本とナイジェリアで出されるゴミに違いはありますか?」

「うーん、日本はスゴクキレイだね。道にゴミない。それはスゴイ。ナイジェリアはいっぱい落ちてるよ」

おお、ちょっと誇らしい気分だ。素直にうれしいかも。

「でも…、ゴミのマナー悪いとスグに怒る。日本人それは変ですね」

実は彼、作業中に、ゴミ出しマナーの悪い若者を烈火のごとく叱るオバチャンを目撃したらしく、それが異様な光景に見えたという。

「他の人のマナーにすごく厳しい。ナイジェリアじゃ他の人なんか気にしない」

日本人は物静かで怒らないというイメージが、そのオバチャンのせいで一気に崩れたそうな。

たしかにゴミ捨てのルールにうるさいババアってどこにでもいるよな。

簡単に腕くらい折れちゃうから

朝7時。同伴することになる先輩収集員が出社してきた。

「ああ。君が新しい人ね。僕は竹内といいます」

小太りで優しそうなオジサンだ。竹内さんか。今日はこの人と1日中一緒にいるみたいだし、名前はしっかり覚えておこう。

「まずはアルコールの検査をするからこっちに来て」

ゴミ収集の作業員は運転手でなくとも、アルコールのチェックをする決まりのようだ。ストローを口に含んで、計測器の穴の中に息を吐き出す。昨晩は酒を飲んでなかったので、当然、数値は0だ。

「これ、収集員でもアルコールが反応したら仕事に行けないんですか?」

「そうだね。でも、俺の経験上、深夜の1時までなら飲んでても大丈夫だよ」

このあたり、行政の仕事を請け負ってるだけあって、徹底してるみたいだ。

「それじゃあ、行こうか」

促されるまま外に出て、収集車が停めてある場所まで移動した。

「この11号車が今日乗ってもらう車だから」

青色のカラーリングがされた、いわゆるゴミ収集車だ。街中で見かける働く車の代表だし、ちょっとかっこいいぞ。

さあ、張り切っていこう!

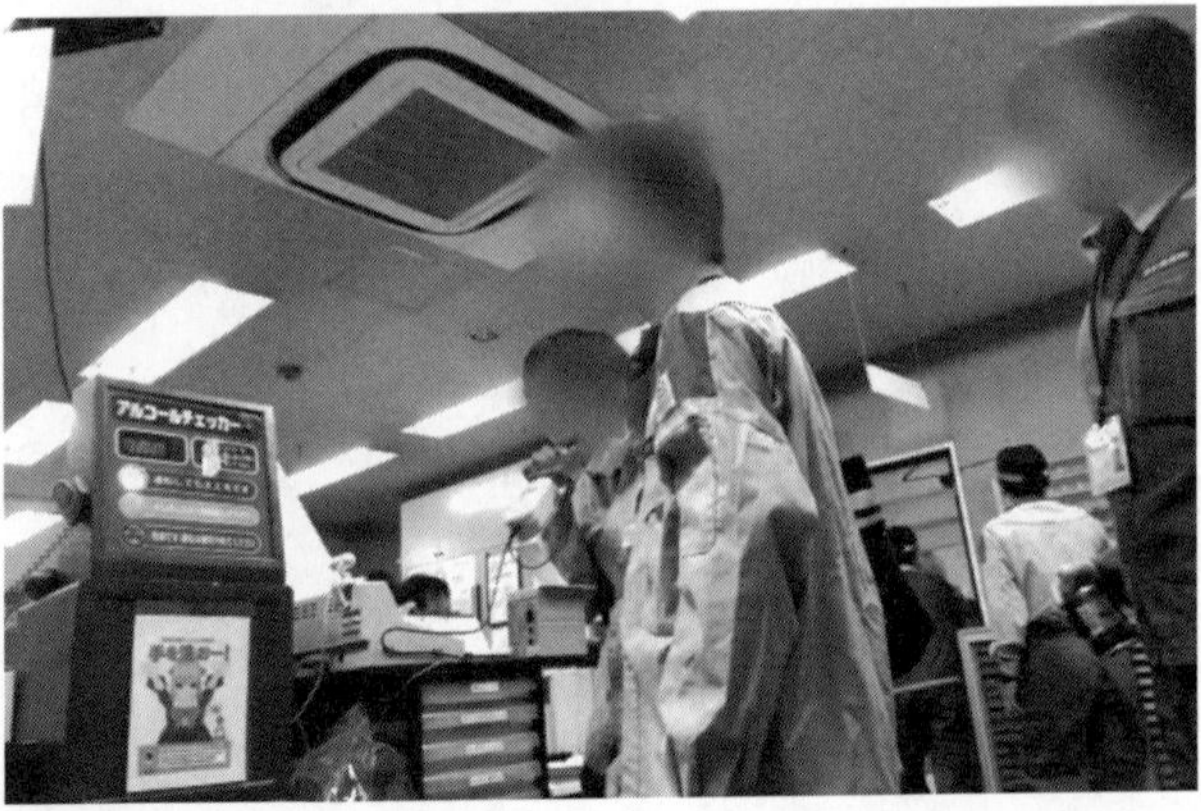

アルコール検査は必須

「まずは、ジョウコウの練習をするからさ、一回乗り込んで」

ジョウコウ？　どういう意味だ？

「ああ、ゴメン、車の乗り降りすることね。今日はこれが一番大事な仕事だと思ってくれていいから」

「はあ」

「この乗降の時間をいかに短くスピーディにやるかが大事になってくるんだよ」

実際に乗り込んで、降りる、乗り込んで、降りるという練習を繰り返した。これを何十回もやってたら足が悲鳴を上げそうだ。座席が高い位置にあるので、太ももにくる。

「それじゃあ、お次はコッチにきて」

車の後ろに回り、収集車の左後方のボタンを指さして言った。

「ここを押して、中のローラーを操作するわけさ。とりあえず覚えておいてほしいのは、一番上の積込と下にある赤い緊急停止のボタンだけでいいよ」

積込というのが、中に入れたゴミを奥まで押し込ませるボタンで、緊急停止はその名のとおり、押せば積込が停止される。

「なにか気になることがあっても積込で回転してる最中は絶対に手をいれないでね。簡単に腕くらい折れちゃうから」

異物なんかが入っても、気兼ねせずに緊急停止ボタンを押せばいいとのこと。ふーん、ゴミ収集車ってこういう仕組みになってるんだな。一通りボタンの使い方を覚えたところに、同乗するドライバーさんがやってきた。それに気づいた竹内さんが挨拶する。

「あ、カトウさん、おはようございます」

「うっす」

ワイルドな雰囲気で男前だ。年齢は竹内さんの方が上みたいだけど敬語を使っている。ドライバーの方が収集員よりも役職が上なのかもしれない。俺も挨拶しなくちゃ。

「今日から入社しました野村です。よろしくお願いします！」

「おう」

不愛想な顔で車に乗り込み、タバコに火をつけた。なんとも気難しそうな人だ。

軽く200カ所以上はあると思っておいて

時刻は7時30分。いよいよ出発だ。

狭い車内に3人でギチギチに詰めて座る。ふう、一体どこに連れていかれるんだろう。

「竹内さん、今日はどのあたりで収集するんですか？」

しゅっぱーつ！

「えーっと、はいコレ見て」

地図の挟まったバインダーを渡してきた。

「今日は杉並区の和泉のあたりでペットボトルの収集だね。住宅街だから大変だよ」

でも、ペットボトルなら可燃ごみとか粗大ゴミに比べて簡単そうな気がするけど…。

「ペットボトルは大変なんですか？」

「うん。ペットはかさばるから、何度か往復しなくちゃいけないし、量も多いんだよ。初日なのに一番シンドイ場所に回されちゃったね」

聞けば、まだ暑い日があるうちはペットボトルの消費量もダントツで多いため、他のゴミに比べても圧倒的に大変なんだそう。

「しかも任される範囲も広いんだよ。ほら」

地図を指さしているが、たかだか1キロメートル四方の区域だ。そんなに多そうには見えないけど。

「はは、そんなことないよ、軽く200カ所以上はゴミ捨て場があると思っておいてね」

え!?　そんなにあるの?　うげえ、気が滅入るよ。

移動中に一言もしゃべらなかった、ドライバーのカトウさんが重たい口を開いた。

「おし、着いたぞ」

ゴミ捨て場に横付けて、いよいよ作業がスタートした。さっき言われたとおりスピーディに車を降りる。

竹内さんから指示が飛んできた
「ビニール袋のままで、一度放り込んじゃって!」

路肩にある袋を手に取り、収集車の中のスペースに投げ込む。

「はい、それじゃあ車と一緒に走るよ」

収集車と並走しながら20メートルほどの距離を進んだ。

またも竹内さんから指示が。

「左側にあるよー」

左側にゴミ捨て場を発見。腰をかがめてペットボトルが入った袋をつかみ、車の中に投げ込む。

カトウさんが器用に運転するほそーい住宅街の路地を、俺が左側で竹内さんが右側のゴミ捨て場を担当してついていく。

「よし、じゃあここで一度、回しちゃおう」

「回す」というのは積込ボタンを押し、プレス機を回してペットボトルを奥に積み込む意味だ。

先ほど、いったん袋のままで後方に入れておいたものを破いて、ペットボトルだけを取り出し、ビニール袋と仕分けをする。

「はい。回しまーす」

竹内さんの号令の下、プレス機が回転して、集めたペットボトルが一瞬で収集車の奥に消えていった。

「この作業を1日中反復するから覚えておいてね」

つまり、一旦ペットボトルを袋に入ったまま収集車にのせて、ある程度の数がたまったら、その袋を破いて仕分ける。そしてプレス機でペットボトルだけを奥に積み込む。これが一連のサイクルみたいだ。なるほど、たしかに単純な仕事だ。

「はい、じゃあ、一度車に乗って、移動するよー。はい、乗降急いでー」

走って収集車に追いつき、スグに乗り込む。後ろから竹内さんもついてきて、俺が3人席の真ん中となった。

「次はもう少し早く乗り込んでくれよお」

ええ、結構早く乗り込んだつもりだったんだけど…。

1分ほどで次の地点に到着した。

「野村君は前にあるアパートをお願い。俺は後ろからついていくから」

言われたとおりに走って前方のゴミ捨て場へ。大量のペットボトルを抱えて収集車に放り投げる。

「じゃあ、次は右側の一軒家の前をお願い」

「わかりました!」

急いで袋をつかんで放り投げる。

「はい。ここで回すよー」

集めた袋を破いてペットボトルを出す。うーん、なかなかうまくいかない。竹内さんはビリビリとテンポよくやってるのに。

「野村君、ビニール袋は下のつなぎ合わさってるとこを開くと簡単に破けるよ」

袋ごと積み込むのが決まり

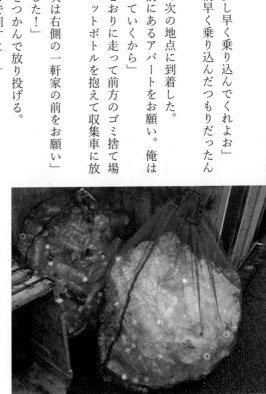

「やってみます」

ビニール袋を上下反対に持ってポテチを開けるように力を入れると、簡単に破けた。すげえ。

「ね？　ビニール袋のスカートって場所で、溶着されてるから他の場所より破けやすいんだよ」

他の場面で使い道がない技術だけど、素直に尊敬した。

「夕方ごろには握力がなくなってくるからさ。少しでも力をためといた方が身のためだよ。はい回すよー」

無事に積込を終えて、走って車に戻った。


「スネに傷がある人も多いんじゃないかな」


同じような作業を1時間半ほど続けたところで、ドライバーのカトウさんが一言。

「おし、タバコ休憩すっか」

この人がタイムキーパーの役割を担ってるみたいだ。3人で座ったままタバコをふかす。

ここまでで30件ほどのゴミ捨て場を片づけたが、すでに疲れてきた。走って収集車についていくのが、なかなかにハードだ。体育の授業でやったシャトルランみたいに、ダッシュして止まってを繰り返すので、普通に長距離を走るよりも疲れが蓄積される。

休憩中だし、気分転換に話でもしよう。

「竹内さんはもうこの仕事長いんですか？」

「ああ、そうだね。もう10年くらいやってるかな」

お、かなりのベテランさんじゃん。

「その前はなにを？」

「あー、あんまり言いたくないんだけどね…。風俗のボーイをやってたよ」

おお、たしかに物腰が柔らかいし、なんとなく想像できる。

「どうしてお辞めになったんですか？」

「昔のことだから驚かないでほしいけど、警察からガサが入ってね…」

埼玉の本サロで働いていたが、風営法の改正に伴い警察からガサが入ったらしい。店が閉店することはなかったが、それを契機に、不安定な仕事を続けるのはやめて、真人間になることを決心したという。

「ゴミ収集の仕事ってさ、都の下請けとはいえ、食いっぱぐれることはないじゃん？　当時より給料は減ったけど充実してるよ」

なるほど。

「あと、年齢とともに派手な生活も必要なくなってきたしね」

年を重ねるってそういうもんかもしれないな。

竹内さんが続ける。

「俺だけじゃなくて、ここで働いてる人はスネに傷がある人も多いんじゃないかな。昔はワルやってました、とかさ。カトウさんもその一人でしょ？」

「うーん、まあ昔はな。おし、仕事に戻るぞー」

会話を遮るようにしてカトウさんが声を上げた。むむ、何かありそうだ。後で聞いてみよう。

全員がタバコの火を消して、作業に移る。とはいえやることはさっきまでと同じだ。

次第に作業に慣れてきたので、特に注意せずに車から勢いよく降りようとした瞬間、カトウさんから注意が飛んできた。

「おい!!　バイクが来てるぞ！」

慌ててドアを閉めたら、収集車の横スレスレを原チャリが通り過ぎていった。アブねー。

「バカ!!　死んじまうぞ！」

気をつけなくちゃ。完全に油断してた。

終わった後に飲む酒を想像して頑張りな

正午を過ぎたころ。担当エリアの半分以上のゴミ捨て場から収集したところで、ゴミ収集車の容量がパンパンになってしまった。

積込のボタンを押しても中に入りきらなくなってしまい、さらにはキャップが付いたままペットボトルがパンッ！　と大きな音をたてて内部で破裂することも。その衝撃で他のペットボトルが道に散乱することまであった。

飛んでくる威力はかなり強く、ペシャンコに潰れたペットが腹に当たったときには、思わず「うっ」と声を出してしまった。

目にでも当たったらと考えると、ちょっとコワイ。

移動中の車内で竹内さんが言った。

「カトウさんそろそろ戻りましょうか」

「うーん、そうだな」

戻るというのは、一度集積所に帰って車の内部を空にしてから、仕事を再開することを意味する。つまり集積場までの道のりは、車に乗ったままで休憩できるのだ。ラッキー。

今のうちにカトウさんの経歴についても聞いてみよう。

「カトウさんはここに入る前はなにをなさってたんですか？」

ハンドルを握ったまま答えてくれた。

「あ？　俺か？　20代は長距離トラックやってたよ」

はあ、やっぱり車関係の仕事に就いてたんだな。運転が上手なわけだ。

「どうして転職なさったんですか？」

「ずっと座りっぱなしで身体にガタがきたってのが大きいかな」

そんなこと言ったらこの仕事だって同じのような気もするが。

しかしゴミってのはいくらでもあるな

車に入りきらなくなれば、いったん集積所へ

「長距離に比べたら、こっちの方が断然ラクだわ。あとは結婚したのもデカいな」

30手前で、できちゃった婚してからは、トラック以外の仕事を探して、この職にたどり着いたという。

「やっぱり結婚は大きいですか？」

「長距離の奴でも既婚者はいるけど、子供に会えないのはなあ…」

ふーん、不愛想な人かと思ってたけど、根は子供思いのイイ人じゃん。

しゃべってるうちに集積場に到着し、車体の重さを計測することに。これで集積したペットボトル総量を確認するらしい。

驚くべきことに、集めてきたペットボトルの総重量は400キロもあった！

2リットルのペットボトルに換算したら、7千

本以上にはなるとのこと。気づかぬうちにそんなに集めてたのか。そりゃ疲れるわけだ。

中身を空っぽにして、再び担当エリアに戻る。同じ作業の繰り返しではあるものの、カラダにも痛みが出てきた。

まずは足だ。クッション性もなにもないうえに、履き慣れない安全靴で走り続けてるため、足の皮がむけて指に靴ズレが起こっている。

さらに、何度も中腰になってゴミ袋を拾うので腰がズキズキと痛んでくる。普段使わない筋肉をつかっているみたいだ。作業自体は簡単だが、体がついていかない。

袋を破るための握力もなくなってきた。決定的にキツいわけじゃないが、徐々に身体が疲れてくる。そんな感覚だ。

見かねた竹内さんがアドバイスをくれた。

もうダメだ…

「もう、あと少しで終わりだからよ、終わった後に飲む酒を想像して頑張りな」

「はあ、酒ですか」

「俺はそうやって乗り切ってるよ。もうすぐ生ビールをグビっと飲めるぞーってな」

　よおし、その妄想に乗っからせてもらおう。あー、早く終わらせて酒が飲みたい！

無心で作業すること数十分。15時に担当のエリアを回りきって終業となった。はあー、疲れた。

　集積場に戻って重さを確認。後半戦は150キロほどだったので、今日一日で集めたのは全部で550キロ分のペットボトルだ。我ながら頑張ったと褒めてやりたい。

　全身はすでに筋肉痛でバキバキだ。ロッカールームでシャワーを浴びて速攻で帰宅。竹内さんから教えてもらった妄想を現実にするため、大量の酒を浴びるほど飲んでから布団に入った。

◉

翌朝。目覚めたのは午前10時。完全に寝坊した。

しかも完全に二日酔いだ。息が酒臭い。どうせ今から行ってもアルコール検査には引っかかるだろうし、もう休みでいいや。

もう、おわかりのとおり、以降、ゴミ収集の仕事には行っていない。

キツそうな仕事の代表、バキュームカーでうんこを吸う

今回も新たな仕事に挑戦するため、ネットの求人サイトを開いた。

前回はゴミ収集をやったので、さらにキツそうな仕事の代表格、バキュームカーの作業員はどうだろう。ボットン便所のウンコを片づけるなんて、想像しただけで鳥肌が立つぞ。

よし、今回はウンコをバキュームで吸い込んで稼いでやる。さっそく、求人を探さなくっちゃ！

『裏モノJAPAN』2020年1月号掲載

なかなかの好待遇じゃん！

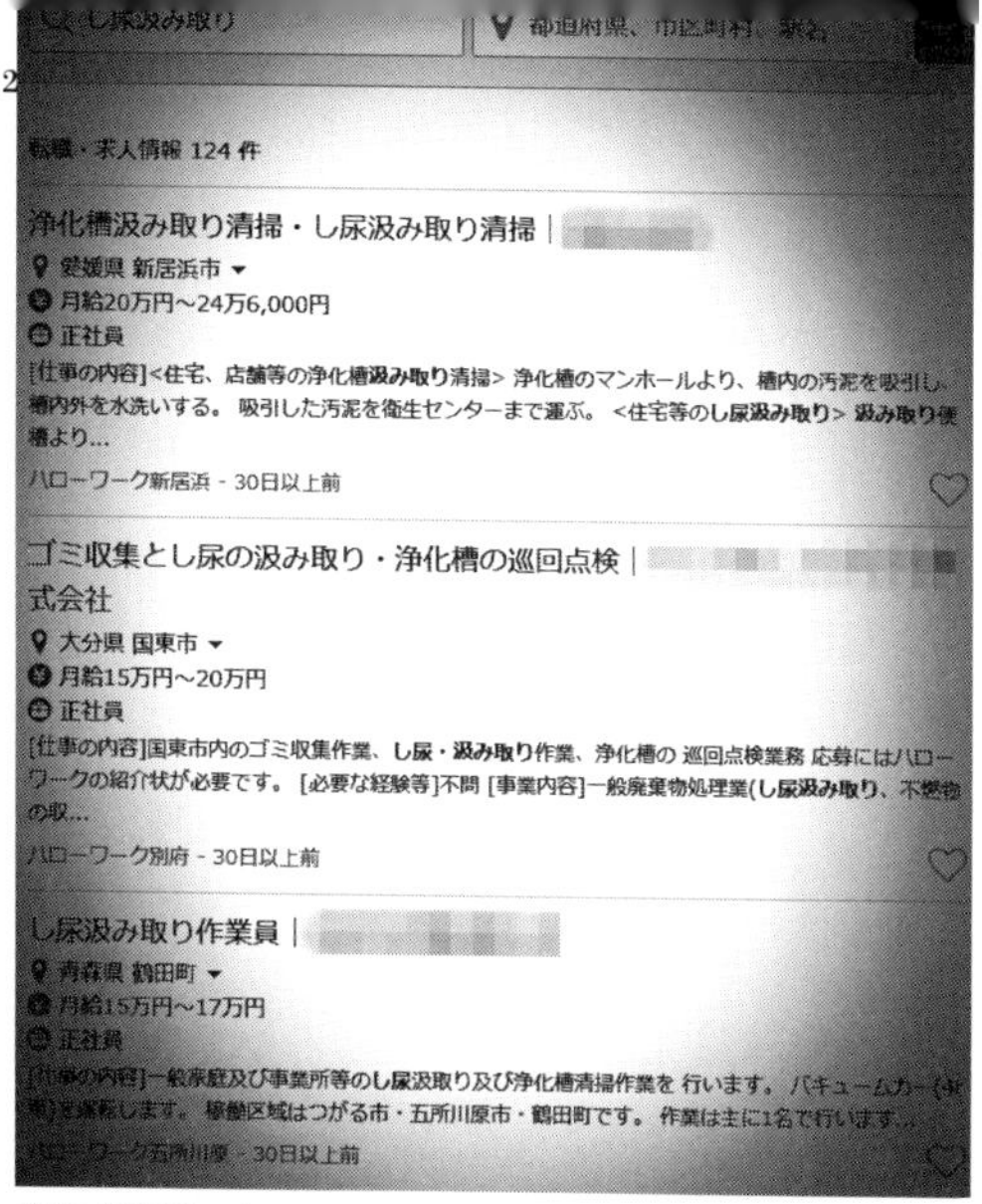
転職・求人情報 124 件
浄化槽汲み取り清掃・し尿汲み取り清掃｜
愛媛県 新居浜市
月給20万円～24万6,000円
正社員
[仕事の内容]<住宅、店舗等の浄化槽汲み取り清掃> 浄化槽のマンホールより、槽内の汚泥を吸引し、槽内外を水洗いする。 吸引した汚泥を衛生センターまで運ぶ。 <住宅等のし尿汲み取り> 汲み取り便槽より…
ハローワーク新居浜 - 30日以上前
ゴミ収集とし尿の汲み取り・浄化槽の巡回点検｜
式会社
大分県 国東市
月給15万円～20万円
正社員
[仕事の内容]国東市内のゴミ収集作業、し尿・汲み取り作業、浄化槽の 巡回点検業務 応募にはハローワークの紹介状が必要です。 [必要な経験等]不問 [事業内容]一般廃棄物処理業(し尿汲み取り、不燃物の収…
ハローワーク別府 - 30日以上前
し尿汲み取り作業員｜
青森県 鶴田町
月給15万円～17万円
正社員
[仕事の内容]一般家庭及び事業所等のし尿汲取り及び浄化槽清掃作業を 行います。 バキュームカー(4t車)を運転します。 稼働区域はつがる市・五所川原市・鶴田町です。 作業は主に1名で行います。…
ハローワーク五所川原 - 30日以上前
都内の募集がないなぁ

求人サイトを眺めてわかったのだが、バキュームカーの仕事は、浄化槽清掃や、し尿処理といった名前で募集がかけられているようだ。

それらのキーワードを入力して検索をかけてみる。いくつかの求人は見つかったのだが、その全てが東北や九州などの地方の募集ばかりで、関東近郊の求人は見当たらない。たしかに都内でバキュームカーが走ってるところなんてほとんど見たことないもんな。

その後もサイトを巡回していたら、気になるページを発見。見出しには「意外と希望者が多くて空きが無いバキュームカーバイト」と書かれている。

サイトによればバキュームの仕事

は楽なうえに高給なので、募集がスグに埋まってしまうとのこと。うーむ。それほど人気の職種だったとは。

その後も懸命に探すこと数日。ようやくジモティーの仕事募集で東京都足立区で行われる浄化槽清掃の仕事を発見した。すぐ連絡をして、面接の約束に成功。あー、よかった。

面接当日。上野駅の近くにあるカフェで待ち合わせることになった。

コーヒーを飲みながら待っていると、約束の時間から10分ほど経ってから、作業着姿のオッサンが現れた。この人が面接官のようだ。

「あー、遅くなってごめんなさいねー。田中といいます」

「野村と申します。よろしくお願いします」

「さっそくなんだけど、週に何回くらい出れそう？」

いきなりシフトの相談かよ。

「はい。毎日出れます。なんなら明日からでも！」

「はい。わかりました。時給が１２００円。１か月の研修中は１１００円だけど大丈夫かな？」

給料も悪くない。なかなかの好待遇じゃん！　これは確かに人気が出そうだ。

「ちなみに野村君はこの仕事の経験はあるのかな？」

経験どころか、浄化槽がなにかすら知らない門外漢だ。大丈夫かなあ。

「いえ、未経験です」

「じゃあ、どんなイメージを持ってるか教えてくれる？」

「バキュームでウンコを吸い取るってことくらいしか…。勉強不足ですみません」

「ははは、まあ大丈夫。その辺りはヤル気でカバーしてよ」

よかった。未経験だからといって不採用になるわけじゃないみたいだ。


「クサすぎて吐いちゃう人もいたから」


「それじゃあ、詳しい業務内容を説明していくよ。まず、うちは依頼があったところにバキュームカーを派遣する会社なのね」

「はあ…」

「最近は汲み取り式の家は少ないから、ウチでは取り扱ってないんだよ」

ボットン便所とよばれる汲み取り式トイレに住む人は、東京都内には奥多摩などの田舎を除いて、ほとんどいないらしい。

実物を見てみたかったので期待してたのだが、ちょっとガッカリだ。

「その代わり、浄化槽の清掃か仮設トイレの汲み取りがメインの仕事になるから」

浄化槽とは一般家庭で糞尿を下水道に流す前に溜めておくタンクのことだそうな。

この中で微生物が糞尿を分解するのだが、定期検査が必須で、中にゴミや異物が溜まるとそれを吸い出さなくてはいけないらしい。この検査も業務に含まれているとのこと。

もう一つの仮設トイレというのは、工事現場やイベントなんかでよく見るアレだ。基本的には仮設トイレのレンタル業者がトイレの回収と一緒に中身の糞尿も処理するのだが、長期間の工事になると、この会社からバキュームカーが出動して、糞尿を回収するとのこと。

以上が、この会社が請け負う仕事だ。いずれにせよウンコと付き合うのは確定である。

「とりあえず、一通りの説明は以上かな。何か質問はある？」

最大の懸念材料であるニオイについて聞いておかなくては。

「あのう、やっぱり糞尿のニオイって強烈なんでしょうか？」

「うーん、まあ人それぞれだけど、ダメな人は本当にダメだね。クサすぎて吐いちゃう人もいたから」

なんだって！　ゲロ吐くほどってどんだけだよ！

「入社初日の昼食後にね。あまりにも強烈だったみたい。でも、その人は今でも働いてるから笑い話だよね」

　いやいや、全然笑えねえよ。

「実際に働いてもらうときは、先輩に色々聞きながらやっていけばいいからさ。とりあえずやってみればいいよ」

「はい。わかりました」

「ただ、ドライバーさんは独立独歩の人が多いから、なるべく失礼がないようにしてね」

　言葉は濁してるけど、要するにジコチューってことだよな。やっぱりこの手の現場仕事は頑固な人が多いのだろう。

　うーん、不安が残るけど、その強烈なニオイってのには興味が出てきた。ちょっと味わってみたいかも。俺、ニオイフェチだし。

「じゃあ、とりあえず採用ってことで。来週の月曜日から出社してくれるかな？」

「わかりました」

「朝の7時30分に事務所に来てくれてればいいからさ。よろしくね」

　そう言い残してカフェを出ていった。にしても飲食店でするような面接の内容じゃなかったな。

　ま、無事に採用になったことだしここまで来たらやるしかない。どんなにニオイがキツくても我慢するぞ。

財布もスマホもすべてロッカーに

翌週の月曜日。いよいよ、初出社の日がやってきた。

事務所は足立区北部の駅からバスに乗り継いで20分ほどの場所にあった。

「今日からお世話になります野村です。よろしくお願いします」

奥の方から面接を担当してくれた田中さんが現れた。

「あ、野村君。こっちに来てくれるー?」

手には作業着と大き目のゴム手袋が握られている。

「まず、貴重品をロッカーにしまってね。鍵がかかるから全部そこに入れておいて」

「え?　財布もですか?」

「そう。財布からスマホまで全部。昼飯に必要な分は小銭をポッケにしまっておいて」

なんでここまでするんだろう。盗難の被害でもあるのか?

「前にちょっと面倒なことがあったんだよ。財布を胸ポケットに入れてた作業員がそれを汚しちゃってね」

なんでも、その作業員の手元が狂ったことで、ホースから糞尿が噴出してしまい、それによって私物の財布がオジャンになったそう。洗ってもニオイは取れないので、弁償するしないの大問題になったんだと。まったく、汚い話だなあ。

普通に考えれば、そんなものを持ってる作業員が悪いのだが、当時ロッカーにはカギがかからず、保管場所がなかったのが原因だと言い始めたそうな。

それ以来、貴重品はカギのかかるロッカーで保管するのが決まりらしい。ウンコがもたらした悲劇だな。

渡された作業着に着替えて、貴重品と服をロッカーにしまう。

行ってまいりますお母さん

「うん。よく似合ってると思うよ。それじゃ、今日の仕事を説明するからそこに座って」

デスクに並んで座り、田中さんの説明を聞く。

「今日担当してもらうのは、仮設トイレの汲み取りね」

面接のときに言っていた作業だ。たしか、工事現場とかイベントの仮設トイレを回るんだっけか。

「行ってもらう場所はこんな感じ。ちょっと覚えておいて」

初日なので親切にグーグルマップで教えてくれた。画面には足立区全域に数カ所の印がついている。こんなにたくさん回るのかよ。

「全部でどれくらいですか？」

「うーんと、10件くらいかな」

こりゃなかなか大変そうだ。

ガレージの内部にはすえたニオイが充満

一人の男性がやってきて、隣に座る田中さんに声をかけた。ヒゲを蓄えてワイルドな感じの風貌だ。

「田中さん。その子が今日からバイトの？」

「ああ、そうそう。こちら担当する先輩ドライバーの浜口さん。こちら野村君ね」

頭を下げて挨拶をする。

「野村です。よろしくお願いします」

「おう、よろしくな。もう、時間だから行くぞー」

見た目は恐いけど、なんだか頼もしそうな人で一安心だ。

先輩ドライバーの浜口さんに連れられて、事務所近くのガレージに向かった。この中にバキュームカーがあるようだ。

なんでわざわざ屋内に駐車している

ガレージからすでに異臭が

のか不思議だったが、シャッターを開けた瞬間に理由がわかった。

ガレージの内部には、すえたニオイが充満しているのだ。きっつー、公園の汚いトイレと同じくらいの悪臭だ。

浜口さんは意に介さずスタスタと前を歩いている。このニオイ気にならないのかよ。

「あの、この中だけでもかなりニオイがしますね」

「ん？　そうか？　ちょっとだけだろ。すぐに慣れるぞ」

すごい。ベテランになると気にもとめないのか。俺も早くその境地に達したい。

ガレージの中にはバキュームカーが所狭しと並んでいる。初めてこんなに間近で見たけど、思っていたよりもかなりデカい。4トントラックくらいの大きさはありそうだ。

車体には様々なサイズのホースがついていて、それ以外にもタンクの上にはよくわからない器具が備え付けられている。

にしても、このタンクの中にどれだけの量のウンコが入るんだろう。もう少し観察したいところだがこれ以上は鼻がもちそうにない。口呼吸に切り替えて、足早にバキュームカーの助手席に乗りこんだ。

ガレージに比べて、なぜか車内にニオイは全くない。窓際に並ぶ消臭剤のおかげだろうか。これなら移動は苦じゃないぞ。

「おーし、それじゃあ行くぞー」

下痢便を何時間も鍋で煮込んだような

時刻は7時50分。車がガレージを出発した。

「最初はどこに向かうんですか？」

「まずは荒川の河川敷だな」

ああ、たしかに河川敷って仮設トイレが多かったような。あれ、どうしてなんだろ。

「そりゃ簡単だよ。川はすぐ氾濫するからさ。あんなとこに下水は通せないから、普通の公衆トイレは作れないわけ」

「なるほど」

「この前の台風のときも多摩川が氾濫しただろ？　あんときだって仮設トイレが流されてたはずだぞ」

ふーん。ちゃんとした理由があるんだな。そういえば、あのときマンホールから溢れ出た水の中で泳いでた奴らがいたけど、浜口さんはどう思ったのかな。プロの汲み取り屋の意見を聞きたい。

「ははは、武蔵小杉にいた奴らだろ？　ありゃスゲエよな。どっかの浄化槽から出た汚泥も混ざってるだろうに」

やっぱり、汚い水だったんだ。

「それよりタワマンの方がヤベエよ。下水が逆流したんだろ？　クソと同じ空気吸ってると気分が悪くなるから危ねーんだ」

へー、そんなことがあるのか。

「前に浄化槽の汲み取りが終わらなくて、何分も格闘してたらフラついたこともあったからな」

病院に行くほどではなかったが、ぼーっとしてしまい、30分近く身体に力が入らなかったとのこと。コワッ。俺も気をつけよう。

そんな話をしているうちに車が人通りの少ない道に停車した。まだ河川敷には着いてないのに、どうしたんだろ。

「おう、今のうちにメシを買っとかねえとな。そこのコンビニでおにぎりを二つ買ってきてくれ」

そう言いながら数百円分の小銭を渡してきた。なんでわざわざこんな場所に路駐したんだ？

「コンビニの駐車場に停めると文句言われることがあるんだよ。汚いからどけろってな」

なるほど。職業差別はダメだといっても、バキュームカーには近寄りたくないかもな。

ちょっと、心が痛い。

「お前の分もおごってやるから、早く行け！」

走ってコンビニまで行って、適当におにぎりを見繕う。言葉は乱暴だけど、根はイイ人そうだ。

それから数分乗車して、河川敷に到着した。いよいよ、仕事のスタートだ。

颯爽《さっそう》とバキュームカーから降りた浜口さんが車体に固定してあるホースを外しながら説明してくれる。

「これを持ってついて来てくれるか？」

直径20センチくらいのホースを受け取って、仮設トイレの裏手に回った。

「種類によって、し尿を溜める場所はちがうんだけど、たいていは裏側から汲み取るんだよ」

「はい。わかりました」

浜口さんがしゃがみこみ、トイレの下の方にあるフタをカパっといとも簡単に外した。

そこにはドロドロの茶色の液体が並々と溜まっている。うげー、気持ち悪い！

「これが汚泥ってやつ。ウンコは時間が経つと、こういう風に液状になるんだよ」

見た目の衝撃から少し遅れて、激烈な腐臭が鼻の奥に突き刺さった。く、くっせー!!　なんじゃこりゃ。

アンモニアの刺激臭と発酵したウンコが混ざってる。今までの人生で嗅いできたものの中で一番強烈だ。下痢便を何時間も鍋で煮込んだような凝縮された腐臭だ。

「うわっ！　ニオイがスゴイっすね！」

自分でもわからないが一気にハイテンションになってきた。

「ははは。ここは汲み取りの回数も少ないから、より一層キツくなるんだよ」

いやあ、目に染みる。涙が出てきた。

「じゃあ、それをこの中に突っ込んでくれる?」

「わかりました」

言われた通り、ウンコの海の中にホースを入れる。これでいいのかな。

「じゃあ、汲み取りを始めるね」

浜口さんがバキュームカーに駆け寄って、なにやらボタンを押した。

ズ、ズズズズ。という音が聞こえて、溜まっていた汚泥がみるみるうちに減っていく。スゴイ！

さっきまでたっぷりあったのに、数分でなくなってしまった。いやあ、これがバキュームの威力か。

「よし、じゃあ次に行こう」

なんとか1件目の汲み取りが終了。ニオイはハンパじゃないけど、作業自体は体力を使わないから楽だったな。

女のウンコもニオイは一緒

次の場所も同じく河川敷の仮設トイレとのこと。車に乗り込み1キロほど移動し到着した。今回は男女が別々に分かれている。

さっきと同じ要領で裏側にあるフタを外す。まずは男子トイレからだ。

くー、やっぱり、ニオイが強烈だ。すぐには慣れそうにない。

ホースを突っ込んで汲み取り開始。うーん、奥の方にウンコが固まってて取りにくいぞ。

「野村、そういうときは仮設トイレを傾けるといいんだよ。ちょっとやってみな」

浜口さんにホースを任せ、反対側の正面に回り込んだ。

「上の方を押してくれるか？」

仮設トイレを押して、浜口さんがいる方に傾ける。すごい、簡単に持ち上がった。びっくりするほど軽いぞ。

「おーし、そのまま、そのまま。はい、オッケー」

無事に汲み取りが完了した。

「仮設トイレって全体がプラスチックでできてるから、かなり軽いんだよ」

なるほど、一つ勉強になったぞ。

男子便所が終わったので、次は女子だ。

あれ？　男子便所に比べると汚泥の量がかなり少ないぞ。やっぱり、女性は汚い仮設トイレで用を足すのに抵抗があるのかもしれない。

とはいえ量がなくとも、女もウンコのニオイは一緒だ。クサイことに変わりない。

すばやく作業を終わらせるため、今度は浜口さんが傾ける役をやってくれた。
ズ、ズズズズズ。
もう少しで汲み取りが終わる、というところでビチャっと汚泥が袖にかかった。

「うわっ！　きたね！」

どうやら生理用ナプキンが吸い込まれる途中で、パイプに当たり汚泥が跳ね返ったみたい。もう、サイアク…。

汲み取りが終わり、浜口さんが戻ってきた。

「どうした？　大丈夫か？」

「すみません。ウンコがかかっちゃって…」

ニヤつく浜口さん。なにがそんなに面白いんだよ。

「おいおい、キレイなままで帰れるわけねえんだから、最初のうちに汚れてラッキーくらいに考えとけよ」

「はあ、そういうもんですか」

「汚れないように仕事してると、怪我するから気をつけろよな」

たしかに、汚れてしまえば、あとはなりふり構う必要もないし一理あるような気がする。確認のために、おそるおそる、クソのかかった袖を嗅いでみたが、やっぱりニオイはウンコだった。


「母親は自分のことを責めそうなんだよ」

その後、河川敷にある4つの仮設トイレの汲み取りを終えたところで、遅めの昼休憩をとることになった。ちょうど折り返し地点だ。

ここまでで気がついたのが、便器の中にゴミを入れる奴がメチャクチャ多いこと。ゴミ箱と勘違いしてんのかよ。まったく。

ビニール袋などの異物がホースに入るたび、汚泥が飛び散って服にかかるので、本当に困る。

中でも驚いたのはコンドームが何個も捨ててあったことだ。

青姦したカップルが捨てたのか、ハッテンしたゲイが捨てたのかわからんが、精子が中に入ったままの状態で捨ててあるものまで見つかった。まったく、汲み取る人間のことも考えてほしい。

「おい、野村。メシ食わねえのか？」

大量のウンコを見て、食欲なんぞ消え失せていたが、浜口さんに奢ってもらった手前、食わないわけにもいかない。

「おにぎりいただきます！」

「おう、食え、食え」

にしても、この人はどんな経歴なんだろう。かなりのベテランっぽいけど…。

「浜口さんはどうしてこの仕事を始めたんですか？」

「どうしても、なにも、金をかなりもらえるからだよ」

へー、どれぐらいの額なんだろう。失礼だけど聞いてみよ。

「ちなみにおいくらくらいなんですか？」

「まあ、教えてもいいか。だいたい年に450万くらいかな」

おお、確かになかなかいい金額をもらってますなあ。

「俺の年齢からすれば平均より低いくらいだろうけど、今までに比べれば十分だよ」

ここから浜口さんの自分語りが始まった。

彼はいま41才で独身。この会社の前は宅配便の配達員をやっていたらしい。

「若いころから、他人と一緒に何かやるってのが苦手でな。なるべく人と関わらない方がラクなんだよ」

勝手に社交性のある人だと思っていたのだが、そうでもないらしい。

「だけど、勤めてた宅配会社が潰れたわけ。それでこの仕事に転職したんだよ」

一般的には3Kの代表とされる仕事だけど、抵抗はなかったのだろうか。

「うーん、俺自身には全くないけど、親には本当の仕事は伝えてないよ」

汲み取り屋ではなく、普通の清掃会社に勤めていると言ってあるらしい。

「やっぱり、世間体はあんまりよくないじゃん。特に母親は自分のことを責めそうなんだよ」

「というと？」

「もっとちがう育て方をしてれば、息子にクソを掃除させずに済んだかも…。みたいな感じで。俺は何も気にしてないのにさ」

なんとも胸に迫る話だ。

「さ、そろそろ、午後の汲み取りに向かうぞー」

よし、あと少しで今日の仕事も終わりだ。ウンコを片づけに行こう。


「早く終わらせろよ。くっせーなあ」


次の仮設トイレはマンションの建築現場の中だ。

「お疲れ様でーす」

浜口さんが現場監督となにやら話をして

いる。よし、いまのうちにホースを準備しよう。車体から取り外して、仮設トイレに向かう。我ながら板についてきたぞ。

そこに浜口さんが戻ってきた。

「おっ、仕事が早いな。その調子だ」

やった。褒められたぞ。

トイレの裏側に回り、フタを開けてホースを突っ込む。これも慣れた作業だ。

さすがにウンコのニオイには順応できてないが、最初の驚きにくらべれば、それほど気にならなくなってきた。

浜口さんが汲み取りのボタンを押しに行ったところで、一人の現場作業員が用を足しにやってきた。超細マユ毛のいかにもヤンキーだ。

「すみません。いま汲み取り中なので少々お待ちください」

「は？　なんだよそれ」

ガラの悪い奴だなー。我慢しろよ。

スイッチが入って汲み取りがスタートした。

「すみません。少々お待ちください」

彼もこのニオイに気が付いたのか、眉間にシワを寄せている。

「チッ、くっせーなあ。はやくしろよ」

くっそー、なんだよ、その態度は！　こっちが下手に出てりゃいい気になりやがって。
ズ、ズズズズ。汲み取りの大きな音が、建設作業中のアパートに響き渡った。
それに気づいた建設作業員たちが、チラチラとコチラを見てくる。しかも、バレてないと思って、小声で「くっさ」と口を動かしている。なんか、すげーバカにされてる気がするぞ。

1時間ほどで仮設トイレの汲み取りを終え、浜口さんと車に戻った。

あまりにもイラついたので、思わず愚痴ってしまう。

「なんかあいつら腹立ちますね。明らかに俺らのこと下に見てましたよ」

フッと力なく笑って答えた。

「まあ、イラつくけど仕方ねえよ。それが仕事だからな」

うーん、まだ、イライラが収まらない。あの見下した感じがムカつく。

「あんなのしょっちゅうだよ。いちいち気にするだけ無駄だって」

「そうなんですか…」

「俺らだってさ、ホームレスを見下したりすることあるじゃん。それと一緒だよ」

なんか納得いかないなあ。

「さ、次でラストだ。早く終わらせようぜ」

その次も同じような建設現場で、さげすむような視線をビンビン感じながら作業をこなした。

人前でやるには気が引ける。その点、浜口さんはキモが据わっていて、終始、表情を崩さなかった。

◉

時刻は16時。タンクにつまった、し尿を処理施設に運び込んでから、足立区の事務所に戻ってきた。始業のときは気になったガレージのニオイも、いまとなっちゃほぼ無臭に感じる。

なんだか今回はどこか爽やかな気分だぞ。この仕事なら、いずれ本気でやってみたいかも。

手元（土木・建築作業補助）って楽な仕事のはずだったんだけど！

例によって新たな仕事に挑戦するため、ネットの求人サイトを開いた。今回はいかがわしい短期バイト募集が多い「ジモティー」で、探すことに。これまでもお仕事ルポでは何度かお世話になっているサイトだ。

エリアを関東にして、アルバイトのタグをチェックして検索。飲食系のバイトが多い中で目に付いたのが「手元募集」という文言だ。手元ってなんだろう？

ネットで調べてみたところ、要するに土木や建築作業で足りなくなった人手を補うための補助バイトってことらしい。

しかも、仕事の内容は、あくまでも補助なので楽な仕事が多いそうな。必要なときだけ呼び出されるとのこと。

『裏モノJAPAN』2020年2月号掲載

よし、これに応募してみよう。楽に稼げたら、副業にでもしようかな。

「保険とかって…」「気を付けてもらうしかないですねえ…」

いくつもある手元求人の中から、2泊3日の解体業者の手元に応募することに決めた。短期でガッツリ稼ぎたいところだ。

「はじめまして。手元のアルバイトに応募したいのですが、まだ募集しているでしょうか?」

メッセージを送信して、数十秒で相手から返信がきた。

「はい。こちらの番号にお電話ください。090—××××」

返信が早くて助かる。すぐ電話してみることに。

プルルルル。

「はい。もしもし、どちら様?」

「もしもし、先ほどジモティーで応募した野村と申します。アルバイトの応募なんですけど…」

「ああ、はい。それでは、このまま電話面接に移らせていただきます。簡単な自己紹介をお願いします」

年齢や身長体重を教えたところ、一度、先方の事務所に確認してから折り返し連絡をすると言われて、電話を切られた。

どうやら、この人は人材あっせんの業者のようで、解体業者ではないようだ。

翌日、解体業者を名乗る人物から連絡があり、無事に採用が決定した。明日から直接事務所に行けば仕事にありつけるらしい。

つーか、仕事のあっせんってこんなテキトーに進んでいいのだろうか。俺としちゃ助かるけど、経験の有無すら聞かれないまま採用って、どーなのよ。

翌日、神奈川県平塚市にある事務所に向かった。

ノックして中に入る。

「失礼しまーす」

奥の方からスキンヘッドの恰幅のいいオッサンが現れた。

「昨日お電話いただいた野村です。よろしくお願いします」

「おお、よく来たね。話は聞いてるよ。それじゃあ仕事の説明をするから座ってくれる？」

応接間のソファに腰かけて話を聞く。

「えーっとね。うちは2泊3日で働いて給料は3万円だから、結構もらえるでしょ？」

　ただし、寮費1泊3千円が給料から天引きされ、おれが3日でもらえるのは2万4千円とのこと。素性不明の男を雇ってくれた上に、この金額をくれるんだから、良心的といえるのかもしれない。

「じゃあ、短い間だけど、よろしくお願いしますね」

　この会社から支給されたのは作業着と軍手1組だけだ。

　トントン拍子で話が進んでゆく。契約書とか、保険とか何も聞いてないけど大丈夫かよ。

「あのお、もし、怪我した場合とかってどうなるんでしょうか?」

「いやあ、怪我はコワイからね。十分に気を付けてください」

「いや、そうじゃなくて、保険とかって…」

「まあ、その辺は気を付けてもらうしかないですねえ…」

　うやむやにされてしまった。期待はしない方がよさそうだ。手元はあくまでも臨時の

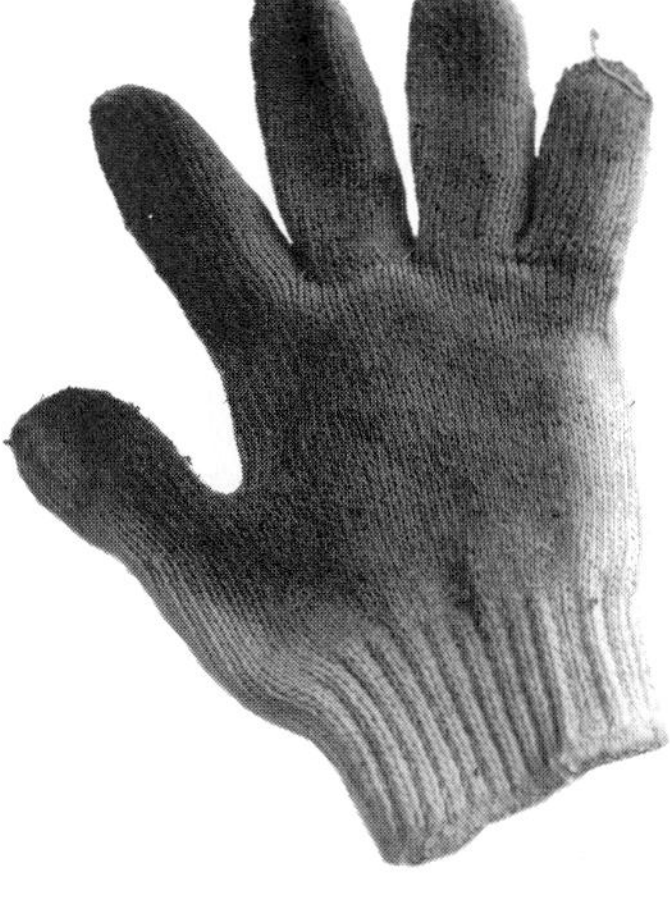

使い捨て要員なのだろう。

「それじゃあ、寮に案内するのでついてきてください」

事務所から歩くこと15分。寮として紹介されたボロアパートに到着した。

部屋の中は畳敷きで、4畳半と狭いが、ユニットバスがついているので、それほど悪くはなさそうだ。ただ、置いてあるテレビは、ぶっ壊れていて見れなかった。捨てちまえよ。

「明日の朝7時になったらアパートの前に迎えの車がくるので、それに乗ってください」

翌日の朝から仕事が始まるので、この日は近所のコンビニでメシを買ってきて、早めに寝ることにした。

「ニホンジン何を考えてるかワカラナイ」

さて、ようやく仕事当日だ。

朝、アパートの前で迎えの車を待っていたら、1人の作業着姿のオッチャンが現れた。60代後半だろうか。

どうやら、同じ現場に行く人っぽいし、声を掛けてみよう。

「おはようございます。今日から入りました野村です。よろしくお願いします」

「はい。よろしくお願いします」

「もう、この仕事は長いんですか？」

「はい。そうですね。結構長く働いてます」

いままでいくつもの肉体労働バイトをしてきたけど、初対面で敬語を使ってくる人に初めて会ったかもしれない。ちょっとうれしい。

迎えが来るまで、このオッチャンとお話でもして時間をつぶすことにしよう。

「手元をされてるんですよね。いつごろから働いてらっしゃるんですか？」

「はい手元で。もう、5年くらいです。仕事を退職してから始めました」

彼の名前は佐々木さん。年齢は67才。年金をもらっているが、優雅な老後とはいかず、足りない金をここで稼いでいるとのこと。

現場にしゅっぱーつ！

「それに孫にもプレゼントとかを買ってやりたいでしょ」

お盆と正月に孫の顔を見るのが唯一の楽しみなんだとか。

「でも、パチンコをやっているので、全然たまらないですね」

しゃべり方からして不器用そうな人だけど、朴訥《ぼくとつ》としていて、人柄が良さそうだ。

「さすがに毎日は体がもたないので、月に何回か、こうして短期で仕事をしています」

なんかリアルな日本社会の現実って感じだな。

そんな話をしていたら、バンが到着。

中に入ると、すでに車内には、ほかの労働者の姿が。隣には東南アジア系の若者が座っていた。この人にも話しかけてみよう。

「今日から入りました野村といいます。よろしくお願いします」

「ハイ。ヨロシク。グエンです」

「どうしてここで働いてるんですか？」

「学校を休んでるから…。仕方ないです」

彼のつたない日本語をまとめるとこういうことになるらしい。

彼がベトナムから来日したのは3年前。高田馬場にある日本語学校に通っていたが、現在は休学しながら、学費を貯めている状況らしい。

大変だなあ。それにしても、なんで学費が足らなくなったんだろう。

「予定とアワなくなった。タリナイ」

本来なら、来日する前に用意していたお金とアルバイトで賄う予定だったそうだが、来日してから学校の寮費が変更になり、授業後

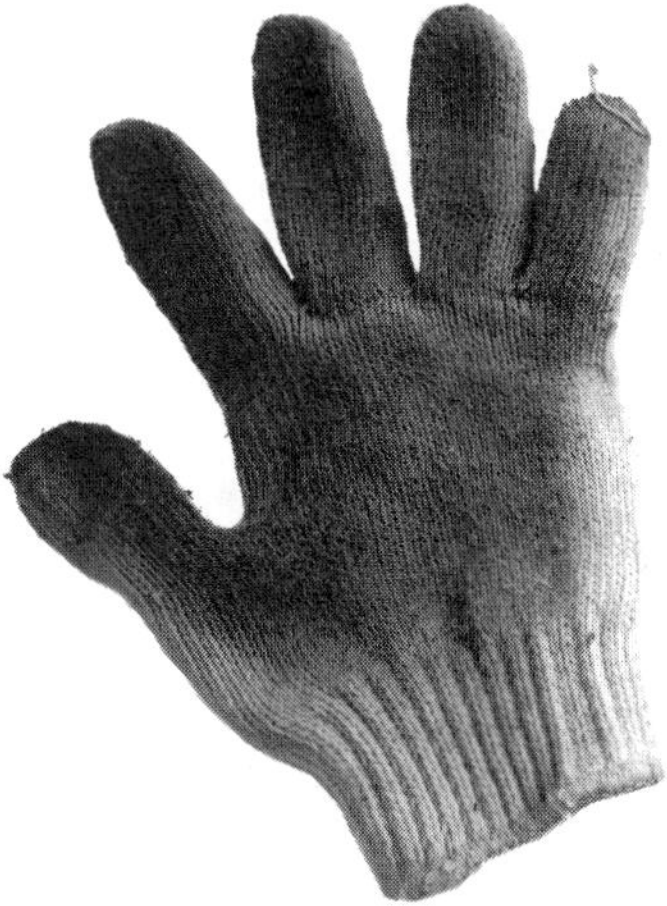

のアルバイトだけでは足りなくなったそう。

そのため、現在は休学しながら、ある程度の学費をためている最中らしい。早く日本語学校を卒業して、介護士になるのが目標とのことだ。

最近は、その日本語学校に残してきた彼女とスカイプ通話をするのが毎日の楽しみだという。

「その彼女には会いに行ったりしないんですか？」

「ソッチも忙しい。コンビニ大変っていってた」

彼女の方も働きながらなんとか学費を工面するのに苦労しているのだ。話を聞いてるだけで、上手くいってほしくなる。

まさか日本にまできて、ベトナムでやってたのと同じような仕事をするとは思いもしなかったという彼。

「ニホンジン何考えてるかワカラナイ。本当に怒ってるか、ふざけてるかもわからない」

本気で怒られてるときと、ふざけてダメ出しをされたときの違いがわかりにくいらしい。確かにそういう微妙なニュアンスって母国語じゃないとわからないものかも。

そんなベトナム人の苦悩を聞いていたら、30分ほどで現場に到着した。

積んだガレキは100キロ以上

今回の仕事は木造アパートの解体とのこと。ただし、あらかじめ重機で大まかな解体処理は終わっているようだ。

俺とグエン君、佐々木さんの3名が手元としての作業補助となる。重機で壊した木材やコンクリを移動させるのが仕事だ。

重機を使う作業員たちが大きなコンクリの「基礎」を細かくしたら、それをトラックの荷台に積み込んだり、運搬しなくてはいけない。なんかすっげえ大変そうなんだけど。

簡単な点呼の後、みなが自然と作業を始めてしまったので、佐々木さんに声を掛ける。

「すみません。なにをすればいいんでしょうか？」

「はいはい。まずは一緒にここにあるガラを運びましょう」

ガラというのは、アパートの土台に使われていた基礎のコンクリのことだ。これを回収用のトラックまで運ぶのだ。

「じゃあ、野村くんはネコをもってきてね」

猫？　なんじゃやそりゃ？

「あそこにあるやつだよ」

目線の先には、工事現場でよく見かける一輪車があった。ああ、あれをネコっていうのか。

「わかりました！」

急いでネコを持ってくる。

「ここにガラを入れて、あそこのトラックまで持っていってね」

そう言い残して佐々木さんはどこかに行ってしまった。

よし、いっちょやってやるか。

コンクリの山から、一つ

今日はここでここで働きます

のガラを手に取る。ウゲ！　メチャクチャ重たいよこれ。

たぶん一つで20キロくらいあるんじゃないか？　持ち上げるだけでも腰を壊しそうだ。

遠くの方では佐々木さんも俺と同じような仕事をしているが、楽々と持ち上げている。すごい力だなあ。

一心不乱にコンクリを持ち上げて、一輪車に詰め込む。なんとか、満杯になったので、いざ、トラックへ。

ただ、この一輪車の操縦が難しい。たぶん、積んだガレキは100キロ以上の重量があるので、重心が安定しないのだ。もしかしたら、入れすぎだったかも。

しかも、地面は土なので段差があって、揺れる揺れる。こぼしそうだよ。

なんとか体勢をキープしたままトラックに到着し、ズザーっと一気に流し込む。ふう。これは中々地道な作業だ。

このままのやり方では、すべてのガラをトラックに移動させるまでに、何往復もしなくちゃいけなくなるので、一気に大量のガラを一輪車に乗せることにした。

重たいのを我慢して、隙間なくコンクリを積んでいく。山盛りにガラを積むことができた。

よし、これなら効率的だ。よっこいしょっと。ドスン。ドスン。うわっ！　移動する途中で一輪車からガラを落としてしまった。

その様子を見かねた佐々木さんが駆け寄ってきてくれた。

「野村くん大丈夫？」

「はい。すみません」

「焦らなくていいから、怪我しないように注意してね」

確かに、これは気を付けなくっちゃ。

「それと、1度に何個も運ぼうとすると落として2度手間になるから、注意した方がいいよ」

そのとおりだ。何度も積みなおしてたら、体力の消耗も激しくなっちまう。

その後は佐々木さんのアドバイスどおりに何度も往復を続けた。これはかなりシンドイ作業だ。腰が痛いよお。

「ま、やめる奴がほとんどなんだけどな」


一通りガラの回収が終わったので、佐々木さんから小休憩の許可をもらった。はあ、疲れた。

ふと、現場の方に目をやると、他の作業員たちはユンボで土の中にあるバカデカい基礎を掘り返していた。すげえ。あんなデカいコンクリがアパートの下には埋まってるのか。ちょっと、びっくりだ。

ユンボで掘り返した基礎を佐々木さんたちは、ハンドブレーカーと呼ばれる小型の掘削機で細かくしている。この音がまあうるさい。ガガガガと小刻みになって耳をつんざかれる。パチンコ屋くらいの轟音だ。耳栓が欲しい。

小休憩を済ませて、またもや同じ仕事に戻る。

なんとなく要領がつかめてきた。どれくらいの量であれば一輪車をふらつかせずに移動できるか。体のどこに力を入れれば楽に持ち上げられるか、なんとなくつかめてきたのだ。俺の場合、腕の力は極力使わずに、太ももに力を入れれば、ガラが持ちやすくなるみたいだ。

とりあえず、目に付くガラがなくなったところで、佐々木さんから声がかかった。

「野村くん！　次はこの木片を移動させて」

運ぶものが変わっただけで、やることは一緒だ。木造建築なので木のゴミも多い。

この木片のことは「シバ」というらしい。こういう用語ってよくわからんな。

さっきまでのコンクリのガラに比べて軽いので、持ち運ぶのは楽になった。もし、この建物が木造アパートじゃなくて、鉄骨のアパートだったら、作業はめちゃくちゃ大変になるだろうな。考えるだけで腰が痛くなりそうだ。

ひとまずガラとシバの移動は終了。ここで昼休憩をもらうことができた。

コインパーキングに停めてあるバンに戻っ

て、コンビニで買ってあった昼飯を食う。はあ、疲れたな。

近くで作業員たちがメシを食っていたので、一人に声をかけてみた。この人たちは重機を操縦したり、トラックを運転したりする、俺のような手元の上司にあたるポジションだ。たぶん年齢は30才くらいだろう。

「お疲れ様です。今日、はじめて作業したんですけど、かなり大変ですね」

飯を食う手を止めてコチラを見てきた。いかにもヤンキーあがりって風貌だ。ピアスに極細マユ毛だし。

「おう、お疲れさん。手元は大変だよな」

「はい。初めてだったんで疲れましたよ」

「はは、まあ、誰でも最初はそうだよ。重機の免許とったら楽になるよ」

彼も最初は手元として働きながら、重機の免許をとって今のポジションまで昇格したらしい。やっぱり資格って大事だな。

「でもよ、手元で我慢すれば、たいていの仕事は楽だと思えるようになるぞ」

「そういうもんですか」

「ま、その前にやめる奴がほとんどなんだけどな」

そりゃそうだ。俺だって今すぐにでも逃げ出したいもん。

夏だったらマジで死んじまうぞ

あっという間に30分の休憩は終了。佐々木さんがやってきた。

「野村くん、はい、これ使って」

渡されたのシャベルだ。これをいったいどうしろと。

「重機で掘り返せなかった細かいガラを取り出すんだよ」

はあ、またガラですか…。

佐々木さんはハンドブレーカーを持って、俺はその横でシャベルで土を掘り返す。地中に埋まったガラが見えたら、横にいる佐々木さんがぶっ壊していくわけだ。シャベルを力いっぱい地中に突っ込み、基礎の周りの土をどかす。

「これでいいですか？」

「はい。大丈夫ですよー」

ズガガガとハンドブレカーで、基礎を破壊していく。おお、間近で見ると迫力がスゴイぞ。いとも簡単にコンクリが割れていく。

「野村君もやってみる？」

いいんですか？　それではぜひ。

ブレーカーを受け取る。おお、結構重たいんだな。コンクリに先端をあてがって、持ち手にあるスイッチをオン。ガガガガ！　うおー、ものすごい振動が伝わってくる！　なんとなく爽快かも。

何分か続けていたら、腕の感覚がなくなってきた。振動で握力が弱ってきてるみたい。

楽そうに見えたけど、これはこれで重労働だ。振動の間もズレないように抑えていなくちゃい

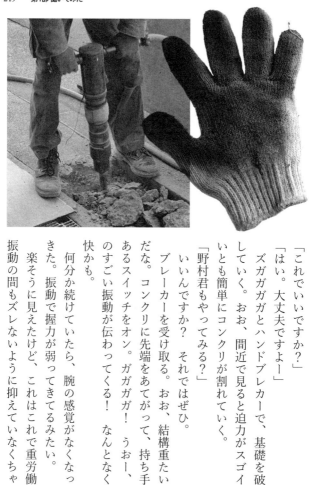

けないので、上手に力をかける必要があるのだ。

それに、粉塵の量が尋常じゃない。コンクリから上がった煙が喉から肺に入ってくるので、思わずゲホゲホとむせ返る。

本来は防塵のマスクをつけてやるもんだと思うけど、佐々木さんは何もつけずにやってるし。身体壊しちゃうぞ。

数分やったところで交代した。ペースが遅すぎるので、俺がやってちゃ、何カ月もかかっちまいそうだ。

それに、この機材は1台30万以上するとのことで、本来は俺みたいな素人に触らせてはいけないらしい。

その後も、俺と佐々木さんのペアでシャベルで基礎を出して、壊すという作業を続けた。

この上にアパートが建っていただけあって土が重たい。上からギュッと圧縮されているので、掘り返すのも一苦労だ。

2時間ほどかけて、ようやく終わった。近くでブレーカーの轟音をずっと聞いていたので耳がキーンとしている。

この耳鳴り治るのかなあ。佐々木さんはといえば、ちゃっかり耳栓をしてるのでヘッチャラみたいだ。

土の掘り返しが終われば、いまぶっ壊した基礎を、先ほどと同じように一輪車でトラックに移動させていく。はあ、シンドイ。

次第に腰から背中にかけての筋肉が痛くなってきた。このままじゃスジを痛めてしまいそうだ。はあ、この世からコンクリートがなくなってくれればいいのに。

まだ、季節が寒かったからいいものの、これが夏だったらマジで死んじまうぞ。

パチンコの話題があれば現場の人と仲良くなれる

気が付けば時刻は15時になっていた。あと2時間ほどで作業は終了だ。

しかし、相変わらず俺の仕事は重たーいガラの運搬だ。作業にも慣れてきたので、佐々木さんと話でもしながらやるとしよう。

「やっぱり、佐々木さんは作業のスピードがちがいますね。筋肉がすごいんじゃないですか？」

「はは、いやあ、私なんて全くですよ。もう全身ボロボロですから」

へえ、そうは見えないけど。全身ピンピンしてるじゃん。

「いやいや、経験でカバーしてるだけで、体力はもう残ってませんよ」

そうはいっても、60代後半でこんなキツイ仕事をやってるってだけで尊敬に値するぞ、マジで。

この佐々木さん、仕事が終わったらパチンコ屋に行くのが日課で、給料のほとんどを新台を打つのに使っているんだと。

「いま、AKB48の新台が出てて楽しみなんですよ。今日は打ちに行こうと思っててね」

ま、パチンコでも行って憂さ晴らししなくちゃやってられない仕事ってのはわかる気もするけど。

彼によれば、肉体労働系の仕事中の話題は9割がパチンコだそう。全国の都道府県全てにパチンコ台があるので、どこの現場に行っても、パチンコの話題さえ持って行けば現場の人と仲良くなれるらしい。

そんなパチトークをしながら作業をしていると、気が付けば就業まで30分ほどの時間

マジつれーわ

になっていた。もう、全身、特に腰はボロボロだ。ちょっとかがむだけで、ピキっという鋭い痛みが襲ってくるのだ。

目立つガラをトラックに運び終えたところで、昼休憩のときに話しかけたヤンキー作業員が声を掛けてきた。

「おう、新人、ツラそうだけど、大丈夫か？」

「もう、ほとんど限界ですね」

「そうか、そうか、じゃあ運搬はいいからこっちにきて、交通整理をしてくれるか？」

やった！　ようやくガラ運びから解放される。新人だからってことで、気を使ってくれたのかも。

俺が必死こいて運んだガラを乗せたトラックと、重機を乗せたトラックの2台が出てくるときの誘導を任せられた。

道が狭いので他の車が通らないように止めておいてくれというのだ。俺やり方がわからないんだけど大丈夫かなあ。

「ま、車は来ねえだろうから、自転車とか通行人に注意してくれればいいから」

彼から赤く光る誘導棒を受け取って、道路に出る。

そこに1台の自転車がやってきた。おっしゃ、俺の出番だ。

危ないことを知らせるために、誘導棒を大きく回す。さっきまでガラを運んでたので、腕が頭の上まであがらないぞ。イテテテ。

「すみませーん。トラックが出てくるので少々お待ちください！」

ママチャリに乗った主婦にイヤな顔をされながら、交通誘導は終了した。車が来なくてよかった。

現場に戻ると、数名の作業員を残して解散になっていた。

はあー。やっと終わったみたいだ。過去やってきた仕事で一番疲れた。もう、ムリです。

アパートに着くやいなや、佐々木さんはパチンコ屋に行くと言って去っていった。

はあ、もう続けられそうにない。解体の手元は日本で一番ツライ仕事だ。この仕事に従事してるってだけで、俺はその人を尊敬します。

アパートの部屋に戻り、荷物をまとめて部屋を出た。もう、やめます。

高速バスターミナル「バスタ新宿」の手配師が斡旋するパチスロ打ち子の仕事とは？

1日に1500便以上が発着する日本最大のバスターミナル「バスタ新宿」。新宿駅南口からスグという好立地のおかげで利用者も多く、高速バスを使う人にとっては、なじみ深い場所といえるだろう。

驚くなかれ、そんなバスタ新宿の待合室では、仕事を斡旋する手配師に声をかけられることがあるというのだ。

『裏モノJAPAN』2020年4月号掲載

これまで、高田馬場や横浜寿町など、労働者が集まる場所では手配師の仕事を受けてきたが、バスタにそんな奴いるのかよ、とさすがにツッコミを入れたくなる。

よし、それなら実際に現地へ行って調査してみようじゃないの。

はたして本当に手配師はいるのだろうか。いるとすれば、どんな仕事を斡旋されるのか。

まさか高速バスで現場まで移動させられるなんてことはないだろうけど…。ちょっと緊張してきた。

スマホ片手の男性が歩いて来た

こんなとこに手配師がいるのか？

何時に行けば手配師に会えるのかわからないので、ひとまずネットでバスの発着時刻表を確認した。

どうやら午前7時からの1時間が、到着するバスの数が多い時間帯のようだ。

人が多いときに手配師も来るはず、という予想のもと、2月上旬、平日の朝7時にバスタ新宿を訪れることにした。

人が集まっているのは、3階にある観光案内所か、4階の待合室に限られる。おそらく手配師もそのどちらかで声をかけているにちがいない。

よし、まずは3階の観光案内所だ。

しかし、そこにいたのは成田空港からバスでやってきたであろう、外国人旅行者ばかり。一応休憩スペースになっているが、これはダメそうだ。

エスカレータを使って4階へ。一方、こちらは人があふれている。

これから旅行にでも行くのだろうキャリーケースを引くテンションの高い人もいれば、出張にいくのかダルそうなサラリーマン、虚ろな目でベンチに座っている若者は深夜バスで到着したばかりなのだろう。

なかにはベンチの上で大きなイビキをかいている中年のオッサンもいるし。

うむ、ここなら手配師が現れても不思議じゃない。ベンチに腰を下ろして、キョロキョロと周囲を見回す。それっぽい奴はいないだろうか。

数十分経っても声をかけられる気配すらないので、立ちあがって歩いてみる。時刻は朝8時を回ったところだ。

すると、俺の方にスマホ片手の男性が歩いて来た。おおおっ、もしかして手配師だろうか。なにやら話しかけてきたぞ。

「深夜バスに乗る人ってお金ないことが多いから」

「お兄さん。こっちに来たばかりの人？」

帽子を深くかぶっていて顔はよく見えないが、身なりはしっかりしてる。30代くらいの男だ。とりあえず、話を合わせよう。

「まあ、そんな感じですね」

一拍間があってから、彼が早口で話し始めた。

「じゃあさ、お金に困ったりしてない？　これから手伝ってほしいことがあるんだけど…。時間あるかな？」

よっしゃ！　ようやく見つけたぞ。彼が手配師ってことで間違いなさそうだ。

「そうですね。まあ、はい。時間ありますよ」

俺の返答を聞いて、彼もパッと笑顔になった。

「本当に？　よかったー。君、パチスロの経験ってある？」

パチスロ？　まあ、友達と一緒に打った程度だけど…。

「はい。まあ、少しだけですけど」

「これから俺の指示通りに打ってもらいたいんだけど、大丈夫かな？

男が話しかけてきた

打ち子のバイトなんだけど」

　ふーん。パチスロを打つだけの仕事か。

「もちろん、軍資金は全額持つから安心して。その代わり勝ってもそのぶんはいただくから」

　つまり、彼の分身として、指定されたスロットを打ち続けろってことみたいだ。

　手配師の紹介だから、てっきり肉体労働をさせられるもんかと思ってたけど、違ったみたい。

　そもそも、この人は手配師ってわけじゃなく、ただ、人手が欲しくてバスタで探していたわけだし。

「時給はいくらくらいですか？」

「開店の抽選を受けてもらうだけで、１５００円。それとパチスロ台を打ってもらうのが時給千円。これでどうかな？」

　高いのか安いのか相場がさっぱりわからない。まあ、特別疲れるわけじゃないだろうし、別にいいか。

「はい。その条件で大丈夫ですよ」

「ほんとに？　ありがとー。今日は歌舞伎町にあるマルハンに行くから、9時20分ごろには店の近くにいてね」

つーか、そもそも、なぜバスタでパチスロの打ち子バイトを探してたんだろう。聞いてみよ。

「え？　まあ、言いづらいけど、さっき欠員が出たんだよね。そういうときはここに来て時間がありそうな人を探すんだよ」

ふーん。それにしたって効率が悪いと思うのだが。バスタにいる奴が全員パチスロ打てるわけじゃなかろうに。

「まあ、そういうときは、抽選だけお願いしたりとかね。ほら、深夜バスに乗る人ってお金ないことが多いからさ」

しれっと失礼なことを言うやつだ。

彼曰く、少し前までツイッターを使って欠員の補充をしていたそうだが、台の情報を狙った同業者から連絡が来ることもあるようで、俺みたくズブの素人の方が使い勝手がいいのだそうな。

別れ際にラインの連絡先を交換し、彼はどこかに行ってしまった。俺以外にも欠員を補充しに行ったのだろうか。

ひとまず仕事が見つかってよかった。集合時間に遅れないようにしなくちゃ。

平日の朝だってのに200人は並んでる

集合まで少し時間があるので、「打ち子」についてネットで調べてみた。何も知らないままじゃ、さすがに不安だし。

パチスロの打ち子というのは、店によっては「軍団行為」として禁止されているようだ。バレると出禁の対象にもなるらしい。

集団で根こそぎ収益を出し続けると、最悪の場合、威力業務妨害として訴えられることもあるそうな。そんなの聞いてないんだけど…。

しかも、打ち子本人は当たりハズレに関係ないので、無類のパチスロ好きじゃなきゃできない仕事のようだ。

ああ、調べれば調べるほど、耐えられるか不安になってきた。大丈夫かなあ。

そんな不安をよそに時間は進み、時刻は9時20分。もう、集合時間だ。

店の前までやってくると、ビルを囲むようにスゴイ数の人が並んでいる。

すげえ、平日の朝だってのに、ざっと200人はいるぞ。その9割以上が男で、チャラついた格好の奴らが目立つ。これは場所柄だろうか。

手配師の彼からラインが来た。

「もう着きました？　とりあえず、抽選を受け終わったら、コマ劇のファミマの近くにきてください！」

了解と返事をして、列に並ぶ。続けてラインが鳴った。

「抽選結果が50番以内だったらプラス５００円払いますよ！」

というわけで抽選に並ぶ

マルハンのような大型のパチンコ屋は、早い者勝ちではなく、集合時間に来た客で抽選をし、整理券を受け取って入場するというシステムをとっている。そのため抽選を引くだけの、「引き子」というバイトもあるぐらいだ。

この店舗は9時30分が集合時間なので、それまでに集まった人の中から順番を決める。

パチ屋に朝一から並ぶのは初めての経験なのでちょっと緊張するぞ。

ソワソワしながら待っていると、店員が整理券を渡しにやって来た。この整理券で、並びの人数を確認し、その数字を分母にして抽選するわけだ。

俺が受け取ったのは207番。俺の後ろに並ぶ人数を含めたら、300人はいるかもしれない。

もうすぐ、集合時間の9時30分というところで最後尾から大きな声が聞こえてきた。

「もう間もなく締め切りまーす！　10、9、8、7…」

そう、パチ屋のスタッフが大声で呼びかけているのだ。そこに向かって複数の男がダッシュしている。

この時間に遅れたら抽選を受けれないので、彼らにとっては死活問題なのだろう。大人の男がダッシュしてるのは少し滑稽だ。

不幸にも少し遅れてしまったオッサンがいたようで、店員に懇願している。

「何秒か遅れただけじゃないですかぁ。お願いしますよぉ」

しかし、取り付くシマもない。

「残念ですが、あちらの一般入場列に並びなおしてください」

一般入場は抽選した客全員が入った後の、いわば、本当の最後尾だ。オッサンは肩を落としてその列に向かって行った。パチ屋ってこういうところはシビアなんだよな。

「念のため身分証の写真を撮らせてくれる？」

集合が締め切られ、いよいよ抽選である。数分で順番が回ってきた。

パソコンにつながれた青いボタンを押す。えい！　50番以内よ、来い！

結果は「238番」。ダメだこりゃ。

男が待つ場所に急いだ。

ファミマの前には、バスタで勧誘してきた男以外にも3人が立っていた。

みな一様に根暗な雰囲気だ。年齢はたぶん20代なので、俺と同世代だろう。誰も口を開こうとせず、無表情にスマホを眺めている。打ち子なんてコワモテの兄ちゃんがやるもんだと思ってたけど、案外そうでもないらしい。

「ちょっと待っててくれます？」

例の男が、彼ら3名と金のやり取りをしながら話しかけてきた。どうやら軍資金の受け渡しのようだ。

ようやく、俺の方にやってきた。

「あー、来てくれて助かったよ。他にも何人かバスタで誘ったけど、みんなダメでね」

やっぱり、俺以外にも補充していたのか。

「じゃあ、まずは番号を見せて」

言われるがまま、「238番」と書かれた紙を見せる。

「あちゃー、ダメだったね。ビギナーズラックを期待したんだけど」

はいはい。とりあえず抽選したんだから引き子のバイト代をくださいな。

「うん。バイト代と一緒に軍資金を渡すよ。ただし、念のため身分証の写真を撮らせてくれる？」

は？　なんだよそれ。

「お金を持ち逃げされちゃうこともあるし、大事なデータもあるから。念のためにね」

クソ、聞いてねえよ。しかも、抽選の番号が悪かったから強気に出てやがるだろ。こりゃバイト代を受け取ってから番号を見せるべきだった。

まあ、俺の立場は弱いから仕方ない。免許証の写真を撮らせてやろう。

パシャパシャと撮ってもらって、ようやく引き子バイトの1500円と軍資金の2万を受け取った。はあ、名前も住所もバレちゃったよ。マジで悪用されないか心配なんですけど。

「今日、野村君に打ってもらいたいのは「凱旋」。今日は○日だから、台番の末尾が○のやつにして」

おっ！　知ってるぞ。「凱旋」ってのは、今一番の人気台「ミリオンゴッド神々の凱旋」（編注：規制により現在はホールから撤去）の略称だ。これなら打ったことがあるから大丈夫だ！　たしか特別な技術は必要なく、分かりやすい台だったはず。

末尾がどうこうってのは、どうやらここのマルハンは日付けと台番（台の通し番号）に関係があるらしく、これが共通してると当たりやすく設定されてるらしい。ま、真偽はわからんが、打ち子の俺には関係ない。

「じゃあ、そろそろ入場だから、動きがあったら逐一ラインで連絡を入れてください」

「はい。わかりました」

「それと、なるべく台の演出を楽しみながら打ってくださいね。店員に悟られたくないので」

当たっても一切リアクションをせずに、同じペースで打ち続けていると、打ち子だと目をつけられることがあるらしい。

本当に店員がそこまで注意してんのか？　考えすぎだろ。

2万も使ったのに1時間もたってない

午前10時。長かった準備期間を経て、ようやく入場だ。場内をみんなが一斉に駆け出していく。バーゲンセールみたいだ。

中にはダッシュしてる男もいるけど、店員が両手を広げて必死に止めている。先頭の順番ならわかるが、もう200番台だぞ。そこまで急ぐ必要あるのか？

俺も狙い台を取られたら困るので、速足で「凱旋」まで急ぐ。

なんとか言われたとおりの台を確保できた。ラインで取れたことを伝えたら、打ち始めるよう指示がきた。よし、始めましょうか。

右上にある紙幣投入口に1万円札を入れ、貸出ボタンをプッシュ。ジャラジャラジャラーっと、コインが流れてきた。

適当に掴んでスロット台にコインを投入し、レバーをオン。

ボタンを押してスロットを停止。ふう、今日一日でこれを何回繰り返すことになるんだろう。

5分もしないうちに、千円分のコインが消えた。

貸出ボタンを押してメダルを追加。まあ、そんな簡単に当たるとは思ってない。

こんな調子で打ち続けたら1万円がソッコーで溶けた。いまだ当たりそうな気配すらない。

さらに追加で残りの軍資金1万円を追加。しかし、アッという間に目の前の2万円が消えた。

はあ、なんかもう疲れてきた。しかし、スマホを確認してビックリ。まだ10時50分。2万も使ったのに1時間も経ってないのだ。

自分の金じゃなくてよかった。

俺はあくまでシミュレーションの道具

軍資金が底をついたので、ラインを送って追加で受け取ることにした。

『すみません。2万なくなりました。追加でもらえますか？』

『ファミマ前に来てください。なるべく小走りでお願い』

席を立ち店を出て、先ほどのファミマ前へ。1時間ぶりの再会だ。

「はい。これ」

走れ！早く打て！ノムラくん

差し出されたのは先ほどと同じ2万円。

「じゃ、先に行くから。450ゲームまで回して、当たらなかったら他の台に移動していいよ。末尾だけ○日と同じにしてね」

そう言い残して店に駆けていった。そう、彼自身も店で打ってるのだ。

少しぐらい小言をいわれる覚悟をしていたが、2万程度は意に介してないようだ。

台に戻る途中で、彼の姿が目に入った。すでに箱にメダルを詰めている。たぶん、実力はあるんだろうな。

あくまで予想だが、彼が自分で打つのが確実に勝てる台で、俺に打たせているのは実験みたいな感じなんだろう。

たぶん、打ち子を雇って店の傾向を分析しようとしてるのだと思う。

多少負けたとしても気にしてないようにみえるのは、俺に勝ちを期待してるわけではなく、あくまでシミュレーションの道具として利用してるからだ。

さて、追加で3千円打ったところで450ゲームに到達。同じ末尾の「凱旋」に移動する。本当にこんなんで大丈夫だろうか。

逐一報告せよとのことなので、ラインで一報をいれる。

『450ゲームまでいったので、移動しました』

『できればもう少し早く打って』

なんだよ、注意されちゃった。

さて、移動した先の台で、残りの1万7千円を使ったのだが、それでも当たらない。4万円をすべて打ち切ったところで正午になっていた。4万で当たりゼロ。かー！　スロットは怖い！


『トイレに行くなら、連絡をしてください』


軍資金がなくなったことを伝えようとスマホを開いたら、ちょうどラインが来た。

『野村君、急ぎでファミマ来てください』

走って向かう。

「ちょうど軍資金なくなったころでしょ？」

おお、さすがベテラン。金がなくなる時間をきっちり把握してる。

「凱旋のネタはガセの可能性があるから、もうやめとこう」

ふーん、やっぱり俺は実験台だったわけか。一応謝っておこう。

「すみません。全然出せなくって」

「ははは、うーん、まあ野村君以外は割と順調だから大丈夫だよ」

なんか、チクッと皮肉を言われたような…。

「じゃあ、これ」

またしても2万円を受け取る。次はどの台を打てばいいのだろうか。

彼が目を輝かせながら語る。

「じゃあ、野村君はリゼロをそれぞれ30

同じ打ち子の仲間たち

ゲームずつ回していって、ゾーンが良さそうだったら連絡ちょうだい。リセット後の振り分け狙いで、初当たりが軽いのを集中的にお願い！」

ええぇー、言葉の意味がまったくわからないんですけどー。

『リゼロ』ってのが最近の人気台のタイトルってのはわかるけど、彼の説明は専門用語ばかりで意味不明だ。どうしよ…。

「すみません。『リゼロ』は打ったことないです。っていうか、あんまりスロット自体詳しくないです」

露骨に暗い顔になった。ああ、機嫌悪そう。

「じゃあ、ジャグラー打ってください」

ジャグラーってのは、パチスロの中で一番シンプルな台だ。まあ、打ち方もわかりやすいし、初心者の俺でもなんとか打てる。

店に戻り、言われた台に座って、打ち始めた。

と、先ほどまでとは一転。今度は当たる当たる！

シンプルなゲーム性なので、特段おもしろくないが、やっぱり当選するとうれしいもんだ。

それから3回の大当たりが出て、台の下皿にコインがたまってきた。ふー、なんとか面目が保てそうだ。ちょっと、トイレっと。

5分ほどで戻ってきたら、スマホにメッセージが。

『トイレに行くなら、連絡をしてください』

はあ、トイレに行くにも逐一報告が必要なのかよ。つーか、知らぬ間に監視されてたのかよ。気持ち悪い！

『席を離れた間に、誰かに台やメダルを取られたら、野村君に弁償してもらいます』

こっわ！　どこで文句言われるかわからない。気を付けなくっちゃ。

当たってもうれしくないハズレても悔しくない

時刻は14時。長時間、慣れない動きをしているせいか、レバーを押す手がダルくなってきた。

さっきから、ちょくちょくボーナスに当たってはいるのだが、別に俺が儲かるわけじゃないので何もうれしくない。

最初は当たりが珍しかったので内心喜んでいたが、慣れてきたら、別に俺の金じゃねーし、という投げやりな気持ちになってしまった。

ぜんぜん当たんねーし

それと同時に、ハズレても悔しくない気持ちも強くなってくる。さっきまで俺だけ勝てないのは申し訳ないと思ってたけど、スロットの勝負と俺の損得に関係がないことに遅まきながら気が付いた。

はあ、今となっては他のメンバーが根暗な雰囲気だったのもうなずける。俺もいまあんな表情でレバーを押してるもんな。

当たってもうれしくない、ハズレても悔しくない。どんどん感情がなくなっていく。

その後、心を無にして打っていると、意外や時間が早く進むのに気が付いた。何も考えずにやってると楽なのだ。

その調子で打ち続けること数時間。下皿に溜まっていたメダルはなくなってしまった。

ふう、ラインで連絡を入れよう。

『下皿のメダルなくなりました。追加で現金投資しますか？』

数分後返信が。

『いま、カードにいくら入ってますか？』

当たっても嬉しくない！

『6千円です』

既読マークがついたあと、彼が俺の方に歩いてきた。あれ？　店内で話をしても大丈夫なの？

彼が何やら台をチェックしている。どうやら、俺が伝えた残高が正確か確認してるみたいだ。どんだけ信用されてないんだよ。

耳元で大声を出した。

「じゃあ、もう清算して帰っ

ていいよ。その6千円がバイト代ってことで！　お疲れさま！」

現在、時刻は16時前。ちょうど時給にして千円ってわけだ。

無事に金を受け取って帰りの途についた。

最終的にあの男が勝ったのかどうか、知らないし興味もない。長時間パチ屋にいたせいで、キーンと耳鳴りがする。はあ、精神的に疲れたぞ。もう二度と打ち子はやりたくないな。

◉

最後に補足を。バスタで勧誘される仕事は他にも、風俗店のスタッフ、裏ビデオ屋の店員などのグレーな職種が多いようだ。

興味がある人は早朝のバスタで、上京したての男を演じてみてください。

第2部

今すぐ雇ってもらえる〝稼げる仕事〟

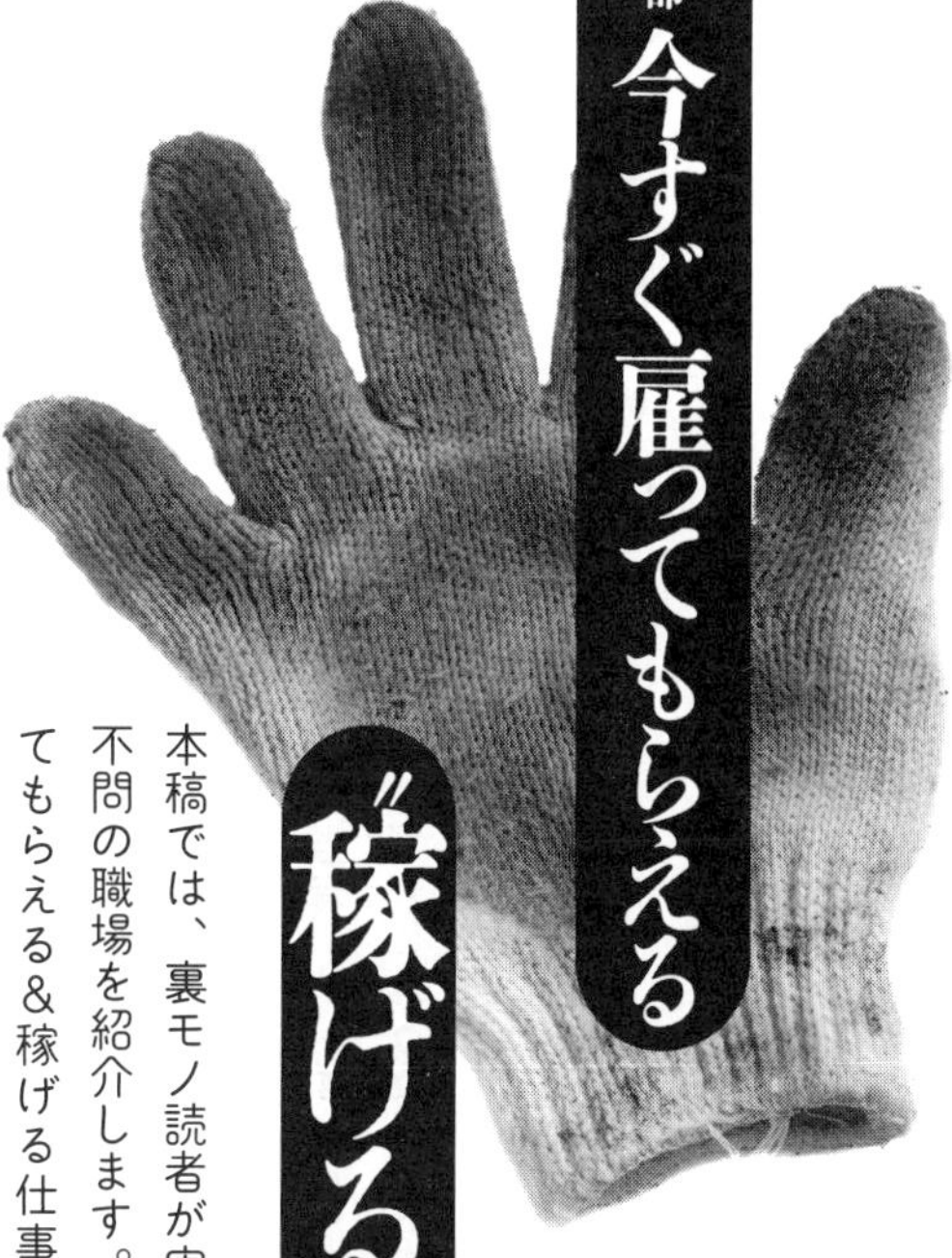

本稿では、裏モノ読者が実際に働いた経験学歴不問の職場を紹介します。いずれも今すぐ雇ってもらえる＆稼げる仕事なので、いざ無職になったときは求人募集を探してみるといいでしょう。

以下すべて（280〜367ページ）、「裏モノJAPAN」2021年8月号掲載

害虫／害獣駆除

夜間業務は多いが業界の未来は明るい

給料（勤続7年）

36万円

こんなあなたにオススメ

体力に自信がある
生き物が死んでいても平気

先に断っておくが、俺はこの仕事をバイトから始めている。7年前、ハローワークで紹介され、軽い気持ちで決めたのだ。

当時の時給はたしか1500円。なかなかの厚遇に思うだろうが、これにはカラクリがある。

時給が発生するのは純粋に労働しているときのみ。休憩や現場への移動時間はノーカウントなのだ。もちろん、会社によって給与システムは異なるだろうが、思った以上に稼げないな、というのが最初の感想だ。

仕事内容はシロアリ、ゴキブリ、ねずみ、

ダニ、ノミ、小バエなどを駆除することで、また一度駆除した現場で防除処理を施すのも大事な業務だ。主な顧客は個人宅や飲食店、大小問わずの食品工場といったところか。

　仕事の作業自体は大してキツくない。薬剤散布、捕獲マットの設置など、それぞれの害虫／害獣に対応した施行をやればいいだけの話だからだ。ひとつの現場に要する時間は、平均して3時間程度。1日で複数の現場を回るのも珍しいことではない。

　この仕事の本当にシンドイ部分は、夜間業務の多さだ。

害虫／害獣の多くが夜行性というのもあるが、たとえば、飲食店からねずみの捕獲を

依頼された場合、作業開始はどうしても店が閉店してからになる。しかも、そこがランチをやってる店なら、従業員が朝から仕込みに取りかかるため、その時間（朝6時とかザラ）までに撤収しなければならない。

こういうパターンでは、夜中に捕獲マットを敷き詰める作業が終わっても帰宅などはせず、いったん事務所に戻って仮眠し、翌早朝、マットを回収しにいくのが原則だ。

したがって昼間に現場を回りつつ、その延長で夜間作業までこなすハメになるのだが、これがこたえる。過労で倒れたやつもいるほどだ。

最後に給与の話もしておこう。俺が正社員になったのは入社から半年後で、当時の月給は25万。いまは47才で36万と大幅に上がったが、ボーナスはない。

ただし、スマホ代や夜間作業での夜食代は会社持ちだし、近ごろは会

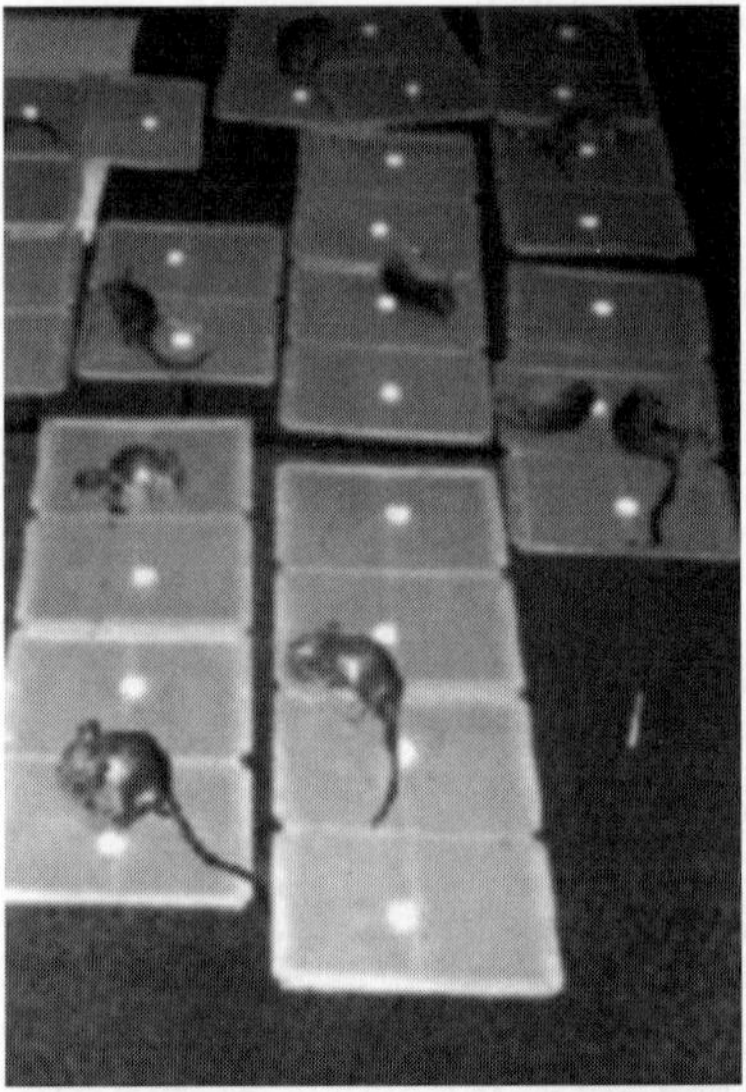

社の業績も上向き傾向を保っている。地球温暖化に伴い、害虫／害獣の発生率も上がったからだ。

そもそも害虫／害獣駆除という仕事はいつの時代でも必要とされるもので、俺が知る限り、この不況下でも業績を悪化させた同業者は聞いてない。シンプルに言えば、業界の未来は明るいってことだ。（東京・47才）

引っ越し作業員

バイトでいいなら60才オーバーでも可能です

給料（勤続5年）

33〜45万円

こんなあなたにオススメ

体力に自信がある

引越しスタッフはバイトから正社員に登用されるケースが多く、私も例外ではありません。無職でフラフラしていた折、ガテン系の求人誌を見て、これは稼げるなと思い、応募したのです。バイト代は日給制で、1万2千円でした。

正社員になったのは、それからおよそ1年後。給料も月収25万になり、その後は単なる助手から現場を取り仕切るリーダーに、最近では4トントラックドライバー（普通免許で運転可能）にと順調に昇格していきました。入社5年目である現在の月収は33万。ボーナ

スは年2回で、それぞれ給料1か月分が支給されます。

独身ゆえ、つましく食っていくには十分な額ですが、3月、4月、8月、9月の繁忙期は給料の額がどっさり増えることに。

私の場合、残業代、深夜作業代といった手当がつきまくるため、繁忙期の月収はいつも45万に届きます。通常より12万も多くもらってる計算です。

もっとも、その間の仕事は鬼のようにハードになります。1週間、ぶっ通しで働き続けるのは当たり前。ときには11日間、休日ナシなどと冗談のようなケースもあるのです。

残業時間が100時間を超えることもフツーにあり、ここまでいけば、もはや殺人的といっても大げさではありません。

そもそも引越しの仕事は、キツいというのが大前提。客の自宅から荷物をえっちらおっちらと搬出し、今度は引越し先へ搬入するわけです。この作業だけでどれほどの体力を消耗するか。

さらにそういった作業と並行して梱包と開梱、養生シートの貼りつけなどという細かい仕事もやらなければいけません。

何と言ってもツラいのは、やはり冷蔵庫や洗濯機のような重いものの運搬でしょう。ただそれでも搬入先が一軒家だったり、マンションのエレベータを使える場合は比較的マシですが、エレベータに入りきれない家具があるときはもう最悪です。

たとえば、社員になりたてのころ、大きな電動マッサージチェアをひとり

でマンション8階へ運んだことがあるのですが、予想通り、翌日は布団から起き上がることが出来ませんでした。それほど激しい筋肉痛に襲われたのです。

最後に注意点を。とにかく体力勝負な要素が多分にある仕事のため、せっかくアルバイトで潜り込んでも、35才以上の人は正社員になりづらい傾向があります。

ただしずっとバイトでもいいなら、かなり歳を食っていても大丈夫。私の職場にも60代のスタッフが何人かいますので。（埼玉・40才）

キャバクラのキッチン

レンジでチンするだけで月30万円以上ももらえるなんて

給料（勤続**3**年）

30万円以上

こんなあなたにオススメ

体力がある

年齢問わず、体力さえあれば誰でも雇ってくれる職種として、飲食業界は外せません。中でも個人的にオススメしたいのが、キャバクラのキッチンです。これが他の飲食業に比べて、猛烈に楽なんですよ。

私自身、キャバのキッチンで働くまでは、居酒屋やファミレスなど、いくつもの飲食店で働いていたのですが、そのころの激務に比べると、キャバのキッチンは信じられないほど、業務が簡単なんです。

私が働くキャバクラは、19時オープンで深夜0時閉店なので、就業時間はだいたい18時から深夜1時過ぎまでの7時間ほど。

たとえ残業があったとしても1日8時間を超えることは滅多にありません。

居酒屋なんかだと平気で10時間以上働かされますから、他の飲食業界に比べて、労働時間が短いのも利点ですね。

にも関わらず、夜のお店なので給料のベースが高いのもありがたい。30万以上は確実にもらえますから。

さらに業務自体も楽なんです。

キャバクラに行ったことがある方なら、想像できるでしょう。基本的に出す料理は冷凍の物がほとんどなのです。から揚げやフライドポテトなど、レンジでチンするかフライヤーで揚げるだけの、誰でもできる料理ばかり。あとは袋から出して皿に盛り付けるだけの乾き物です。

ごく稀にフルーツ盛り合わせの注文もありますが、これも包丁で適当に切るだけなので、キッチン未経験の人でも簡単に作れます。

また、客に出すドリンクは、ほぼほぼ嬢がテーブルで作ってくれるので、こちらは割材や酒のボトルなどをそのまま渡すだけ。

そして営業時間を終えたら、皿やグラスを洗って終了。

どうでしょう。キッチンの仕事と言っても、作業自体はごくごくシンプルなのです。

1週間もあれば、どんな人でもほとんどの作業をマスターできちゃいますよ。

ただし、一つ注意が必要なのが、料理提供までのスピードがシビアな点でしょうか。

キャバクラは時間制でセットが決まっているので、注文した料理をなるべく早く提供するスピードが求められます。

料理を終了時間スレスレに渡したりすると、客からクレームがつくこともあるのです。

「お前らが作るの遅かったんだから、これ食う間はタダで延長しろよ！」

なんてクレームが入ることも…。

まあ、キッチンの人間が直接怒られることはありませんが、店長から詰められることは、よくありますね…。とはいえ、キャバクラならではの嬉しいポイントもあります。当たり前の話ですが、毎日キレイなキャバ嬢ちゃんたちと一緒に仕事ができる。これはかなり嬉しいです。

ただし、嬢に近づくのは、罰金がつくご法度なので、距離を縮めるのは難しいですけど…。

こんな風に、楽な調理をしながら、キレイなキャバ嬢に囲まれる。これほど楽しい仕事は他にないですよ。

求人の探し方は、「ドカント」や「メンズ体入」などの夜職系の募集サイトですぐに見かるでしょう。（東京・42才）

ラブホ受付

小3の学力があればできる あまりに暇な フロント業務

給料（勤続3年）

20万9千円

こんなあなたにオススメ

そこそこの給料で満足できる
ガツガツ働きたくない

ラブホで働きはじめて、3年が過ぎた。待遇は正社員、主な仕事はフロント業務だ。東京でも、各部屋に自動精算機を設置してないラブホは結構あって、俺の職場でも客から直接、料金を受け取っている。

ラブホのフロントは仕事的にかなりユルい。その辺りのことを具体的に説明していこう。

まずは勤務形態から。うちのフロント係は24時間勤務だ。なので朝10時に出勤したら、翌朝10時に別のフロント係と交代して、お役ゴメンとなる。

その日は当然休みだが、その翌日も公休に。

つまり、出勤は3日に1度だけでいいのだ。ラブホ業界ではこれを隔々勤という。これだけでも、1日おきに働く（隔勤）タクシー運ちゃんよりラクチンなことがわかるだろう。

仕事そのものもラクショーだ。チェックアウト時に、客から宿泊料金、あるいは休憩料金を受け取るだけ。小3の学力があれば、なんら問題なくこなせてしまう。

ただし、フロント係には、それ以外にもうひとつ、重要な業務が。

ラブホにまつわる、こんな噂を聞いたことはないだろうか。本当は客が使ってないのに、いくつかの部屋のパネルを「使用中」にし、客がいるように見せかける——。

これは本当の話だ。ラブホがこんなことをやる理由は2つある。

ひとつは見栄のためだ。客室が全部で30あったとして、5部屋しか埋まってなければ、あとから来た客に、人気のないラブホだと思われかねない。そこで使用中の部屋を適度に増やし、マイナスイメージを回避するわけだ。

もうひとつの目的は、売上げアップだ。料金の安い

部屋をいくつか「使用中」に変えて、客を高い部屋へ誘導しようというのだ。

　このパネル操作はフロント係が各自の判断で自由に行っているのだが、ある程度のヨミも必要だ。

　料金の高い部屋のパネルばかり光らせてても、客に帰られたらそれまでだし、コロナで客足が鈍くなっているいまは、逆に安い部屋を光らせておく方が入室率も上がったりするからだ。こういったさじ加減はゲーム感覚に近く、個人的には気に入っている。

　なお、勤務中の休憩は13時と22時に45分ずつもらえるが、基本的に客が入店してこない限りは、ダラダラやっていてもOK。そういうときの俺はもっぱらスマホをいじっているが、一昨日などあまりにヒマ過ぎて、7時間ほどユーチューブを眺めていた。

　これでフロント業務のユルさを理解してもらえた

だろう。こんなラクな仕事で入社直後から20万もらえて、1年ごとに3千円ずつ昇給していくのだからタマらない。興味を持った方は、インディードのような一般求人サイトをチェックすべし。じゃんじゃん募集がかかっている。（東京・46才）

ラブホ清掃

カップルが帰るたびに黙々と掃除しまくる

給料（勤続**8**年）

24万円

こんなあなたにオススメ

汚物に動じない
体力に自信がある

ラブホ清掃の給料は、正社員採用の場合、20万円からスタートするところが多いようです。やや物足りない額ですが、そのぶん、昇給はしっかりあります。ちなみに私のホテルの昇給額は毎年5千円。ただし、28万までが上限ですが。

ラブホ清掃の仕事には、大きく〝ホンソウ〟と〝キュウソウ〟の2種類があります。

ホンソウとは、1日1回、泊まり客が使った部屋を念入りに清掃すること。掃除機をかけ、雑巾で部屋の隅々までキッチリ磨き上げるのです。

一方のキュウソウは、休憩客が帰った後に行う簡単な掃除。掃除機でさっとゴミを吸いとるだけで、雑巾がけなどはありません。

全館の空き室状況は、従業員待機室のテレビモニターに表示されており、客が出ていけば、フロントのおばちゃんがコンピュータを操作し、ブザーを鳴らす仕組みになっています。

清掃係は社員がだいたい3、4人、パート（主婦やフィリピン人おばちゃんなど）が1、2人という構成で、最大6人が2チームに分かれて動きます。ただし、シフトの状況によっては、1チームのみの場合も。

掃除する場所もスタッフによって担当

が別れており、男（＝社員）はベッドメイキングや掃除機がけ、パートは洗面所やトイレを受け持ちます。ちなみに風呂場や浴槽のクリーニングは別の専門業者が行います。

その際、意外と難敵なのがベットメイキング。枕カバー、シーツ、布団カバーの順に交換していく単純作業ながら、気を抜くとすぐにシワシワになって、ピシッとキレイにならないのです。これだけは慣れないとどうにもなりません。

出勤は月の偶数日（隔勤）で、正午から翌日午前10時までの22時間労働。勤務が明ければその日は丸々休みとなります。

案外、ラクそうだと思うかもしれませんが、実際はかなりの重労働です。なんせ業務が始まる正午から夜7時まではラブホのゴールデンタイム。ひっきりなしにキュウソウが続くのです。ホッとする時間もありません。

さらにキツイのは、何と言っても客のウンコ処理です。スカトロプレイの一環なのか何なのか、ベッドの上にクソする輩が定期的に出現するのです。ときには壁や床にべったり塗り込まれていることもあり、そんな部屋を掃除しているとマジで殺意が湧いてきます。

これは私の職場だけの話ではありません。「ラブホ業界あるある」といっても過言じゃないので、誰でも一度は必ず通る道です。覚悟しておいてください。（東京・40才）

私立大学の警備員

学内をブラブラして暇な時間をつぶしまくる

給料（勤続7年）

35万円

こんなあなたにオススメ

長時間拘束されても平気

　40代でロクな職歴もないオッサンの転職先として紹介したいのが、私立大学の警備員です。

　現在まで、いくつかの大学で計7年ほど、警備員の仕事をしている私が言うのだから間違いありません。

　ショッピングセンターやオフィスビルなど、施設警備は中年の再就職先として人気ですが、大学の警備はその中でも抜群にオススメなのです

　今からその理由をご説明しましょう。まずは給与面です。

私が働く大学の警備は、24時間連続で勤務して、翌日は1日休みというパターンです。もちろん休憩や仮眠の時間が設定されてはいますが、長時間拘束されるのが特徴ですね。

このように1日の勤務時間がかなり長いので、働き始めた月から35万円以上の給料をもらえるのです。どうです？　美味しいでしょ？

だからといって、勤務時間中、ずっと仕事し続けるわけじゃありません。1日の流れをご説明しましょう。

まず朝8時に出勤して、前日の勤務担当者から引きつぎを行います。

そして生徒が来る前に、校舎内の巡回です。といっても約1時間かけて担当場所をブラブラ歩くだけ。

一応火災報知器や防災設備の確認をしますが、ゆったり散歩気分です。

1限目が始まる時間になったら、校門に立って挨拶。これは立哨と呼ばれます。

ピチピチの女子大生たちを眺めながら、笑顔で挨拶をかわします。この時間が大学警備をやっていて、一番楽しい時間ですね。優しい子だと、挨拶を返してくれたり、ちょっと雑談をしてくれることも、たまーにありますから。至福の時間です。

その後は詰所の受付で出入り業者や来客の対応です。

といっても女子大などの厳重な警備をする大学を除いて、基本的に学校は出入り自由なので、わざわざ受付を寄らずに、そのまま入っていく部外者がほとんど。

こちらもいちいち咎めることはないので、この点は他の施設警備に比べて楽な点でしょう。オフィスビルで飛び込み営業の部外者を勝手に通したとあっては、クレームが入りますからね。大学ではそういったことはほとんどありません。

あとは校内の巡回と受付を交互に行って、昼休憩です。学食で生徒に混じりながらの食事はけっこう楽しいもんです。

午後も同じように受付と巡回をこなして、生徒が帰宅を始める夕方になったら、校門に立って立哨をする。

以上で昼間の仕事は終わり。ここから夜の勤務になるのですが、これが本当にヒマなんです。

学期末ですと、深夜にレポートや論文を持ってやってくる生徒の対応が必要になりますが、最近はオンラインが主なので、そういったこともほとんどない。退校の時間になっても、残っている生徒を帰してからは、3時間交替で仮眠を取りながら、校内をブラつくだけ。

それを朝8時まで続けて、業務は終了です。めっちゃ楽でしょ？

まあ、同じ場所に長時間いなくてはいけないので、息が詰まるという人も多いですが、そういうストレスに耐性がある人には、ぜひやってみて欲しい仕事ですね。

最後に、大学によって警備会社を外注している場合と、大学側が直接雇用する場合があって、総じて後者の方が、待遇が良くて、仕事がゆるかったので、そちらで探すのをオススメします。

ネットでも募集が出ていますが、案外ハローワークなんかでも募集されているので、けっこう狙い目だったりします。（東京・50才）

漫画を読んでても寝てても大丈夫

病院の夜間受付

給料（勤続7年）

25万円

こんなあなたにオススメ

徹夜が得意

本当に未経験でも雇ってくれるのか？　と疑われそうですが、実は病院の夜間受付がかなり狙い目のお仕事です。

あまり目につかない上に、超ラクな仕事なので、本当は教えたくないんですけど、実はネットで大っぴらに募集してるんですよ。「病院夜間事務」や「救急受付」といったキーワードで検索してみてください。

医療系求人サイトのソラジョブやニチイ学館の募集ページが出てくるはず。しかも医療事務の経験がなくてもOKな場合がほとんどです。その場合の給料はだいたい25万円ほど。

主な業務内容としては、深夜救急で搬送された患者の受付とお会計。これだけです。

具体的な流れは以下のとおり。

救急車に乗った隊員から、当直の看護師に連絡が入り、受付が決まり次第、事務の我々に連絡が入ります。

そして看護師から、患者の氏名や生年月日、住所を聞き、パソコンに打ち込んで情報を登録します。あとは治療が終われば、専用の会計ソフトを使って、料金の計算をして、患者からお金をもらう。たったこれだけ。

まあ、慣れるまでは経験が必要ですが、基本的な計算はソフトが自動でやってくれるので、マニュアル通りに進めるだけ。バカでもできる仕事です。

それ以外の時間はバックヤードにいるので、何をしていてもいいんです。

看護師から電話がかかってくるまでは、漫画を読んでいても、ゲームをしていても、ぶっちゃけ寝ていても大丈夫です。

なので拘束時間が15時間ほどですが、実働は約5時間くらいと、超短い。

ちなみに私が働く病院は、1日平均20名ほどの患者がいらっしゃいますが、深夜1時を過ぎるとパッタリ波が途絶えて、朝まで何もすることがない、なんてこともしょっちゅうです。

ただし、どの病院も楽って訳じゃないので注意が必要です。

救急外来を受け入れてる病院には、1次救急から3次救急までの国が指定したレベルがあります。

それぞれ、1次救急は町医者クラスの小さいクリニックで、2次が入院と手術ができる大型病院。その上の3次は、命の危険があるレベルの急患が運ばれます。

3次救急はかなり忙しい上に、患者が亡くなることもしょっちゅう。専門的で煩雑な業務が多いです。

なので1次もしくは2次救急の病院で探すのがいいでしょう。（神奈川・38才）

水道メーター検針

夏場は汗をかきまくるが完全にたった1人で完結する仕事

給料（勤続10年）

25～40万円

こんなあなたにオススメ

人付き合いが苦手
黙々とした作業が得意

人付き合いが苦手で、1人で黙々と作業するのが得意なあなた。

もし仕事に困っているなら、水道メーターの検針をやってみてはいかがでしょうか。

ほら、作業着の恰好で、なにやら端末（ハンディ）を片手に水道メーターをいじっている人たち、見たことありますよね？

今回は、約10年ほど水道検針の仕事をしている現役検針員の私が、この場を借りて、そのメリットを思う存分お伝えしたいと思います。

まず第一のメリットは、誰ともかかわらず、

完全に1人で仕事ができる、という点です。

人とかかわる機会の少ない仕事の代表である、工場などのコンベア作業員でも、結局は社員のご機嫌を取らなくちゃいけません。

その点、水道検針は研修期間を除いて完全に1人で仕事が完結するのです。これは人間嫌いの私にとって最高のメリットです。誰の目にも晒されず、自由気ままに仕事ができるなんて、もう最高です。

さらにもう一つメリットを挙げるとすれば、意外と稼げるという点でしょうか。私のような10年選手のベテランになれば、安定して月々40万ほど稼ぐことも可能です。読者の方々は、正直ちょっと驚かれるんじゃないでしょうか。

私も働き始めるまでは、こんなにもらえるなんて思ってもみませんでした。

給与体系は歩合制で、担当する地域にもよりますが、私の場合1軒の水道の検針を終えれば60円。慣れてくれれば1日300軒以上のお宅を回れるので、日給が2万円を超えることもよくあります。

仕事の内容は、水道メーターの数字をハンディに打ち込んで、出てくる検針票をポストに入れるだけの簡単な作業なので、正味、一軒に1分もかかりません。

なので、始めたばかりでも月に25万円は稼げると思いますよ。

最後に、ここまでメリットばかりを挙げてきましたが、正直、夏場はかなり地獄です。1日中、炎天下を歩き回るので、尋常じゃない汗をかきます。真夏だと、冗談ではなく1日の作業で2リットルのペットボトル3本分の水を飲んでますから。本当にぶっ倒れそうになりますよ。それさえ我慢できれば、かなりオススメできますね。

暑くなる時期は、やめる社員も多いので、欠員が出て転

職するにはちょうどいい時期とも言えます。

インターネットの大手求人サイトに募集が出てるので、是非探してみてください。（東京・50才）

襲われる危険性と引き換えにいきなり正社員で採用!

給料（勤続4年）

29万円以上

こんなあなたにオススメ

安定志向
体力に自信がある

輸送警備

いつ首を切られるかわからないような不安定な仕事ではなく、大手企業でお堅い正社員として働きたい。

それなら、現金や貴重品を輸送する、輸送警備（通称・警送）の仕事はどうでしょうか。

募集している企業は、アルソックや日本通運などの、一部上場企業ばかりですし、なんと40代未経験でも採用してくれるんです。こんな好条件は他にないでしょう。中年の転職なんて、たいていの場合、契約社員で入社した上に、正社員登用というエサをちらつかされて、結局契約を更新させてもらえずに、首を切られてサヨナラってのがお決まりのパターンです。

その点、警送の仕事は最初っから正社員で雇ってくれます。

その代わりに、かなりの体力が必要な上、万が一の危険が伴いますが…。

では、そんな警送の1日を簡単にご説明しましょう。

まず朝8時に営業所に出社したら、制服に着替えて、防刃ベストに特殊警棒を装備します。

そして現金輸送車に空のトランクケースを20個ほど積み込みます。これに現金を入れて小売店に輸送するのです。

9時過ぎに積み込みが終われば、運転手と2人組になって出発。

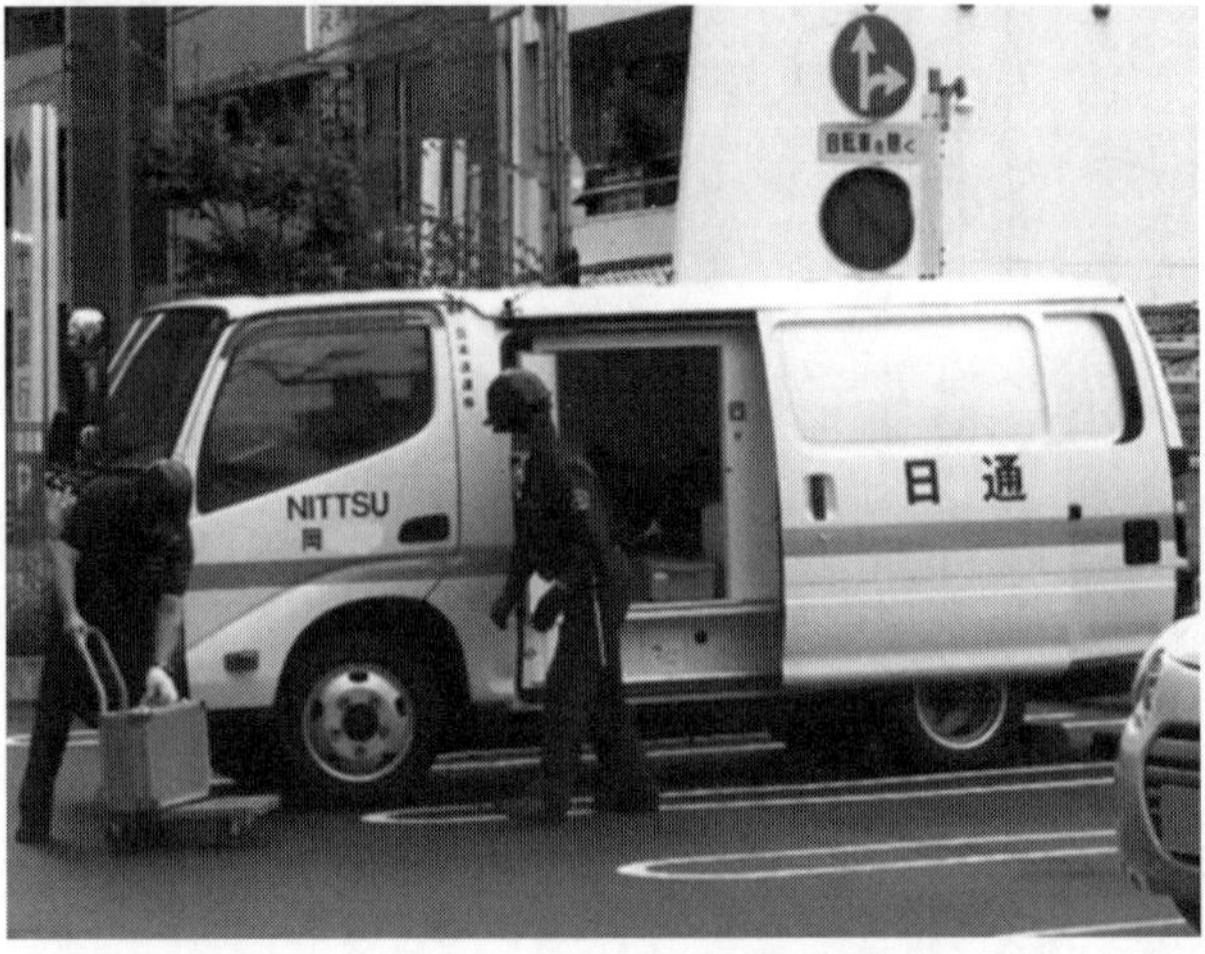

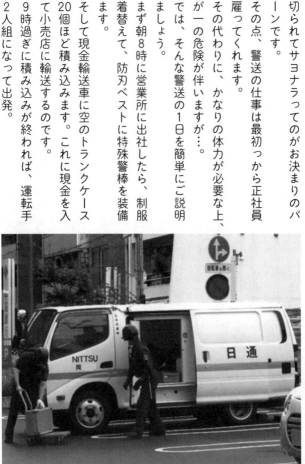

銀行に到着次第、小売店に持っていくための両替の小銭や、貸金庫に移動させる有価証券（株券や小切手）を車のトランクに移動させます。

これがまあ重たいんです。だいたい1つ20キロのトランクを、何個も詰め込むので、腰が爆発しそうになります。

当然ながら周囲を警戒しながらでなくてはいけません。

一つのトランクの中に数億円の現金が入っていることもあるので、気が抜けませんよ。

ちなみに、私はこれまで4年間、輸送警備の仕事をしていますが、事件に巻き込まれたことは1度もありません。

強奪事件は滅多に起こりませんが、もし事件に発展した場合、命が危険に晒されるのは、間違いありませんね。最悪、殺されることもあり得るでしょう。

まあ、会社単位で保険に入っているため、盗まれても責任を問われることはありませんので、その点はご心配なく。

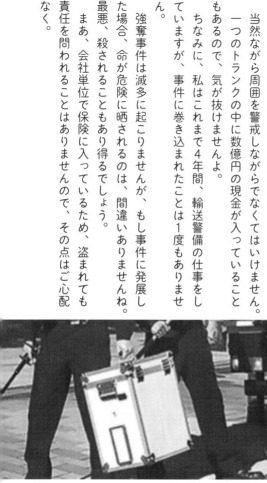

さて、話を戻しまして、午後からは、銀行で積み込んだ現金を、小売店やATM、他の銀行に移動させていきます。その都度20キロのトランクを持つので、なかなかの重労働ですよ。

とまあ、以上が主な1日の流れです。日によって、小売店から売り上げを銀行に運んだりと、流れが逆になることもありますが、基本的には同じ。

このような、過酷な仕事を我慢できるのであれば、入社初月から給料は30万近くもらえますし、3カ月分のボーナスも出て、年収400万は間違いなし。

都市部であれば、求人はネットにいくらでもあるので要チェックですよ!(東京・42才)

作業がスローペースで地方出張でものんびり

給料（勤続5年）

36万円

こんなあなたにオススメ

体力に自信がある
田舎でのんびりしても退屈しない

タンク作業員

体力さえあれば雇ってくれる仕事として、建設業界は外せません。でも実際に働いてみると、思ってた3倍キツイといいますか、とにかく忙しいんですよね。

僕自身、あまりの忙しさに、何度も現場から逃げ出していたわけですが、このタンク作業員だけは辞めずに続けられているので紹介します。

まず、知らない方も多いと思うので、仕事の説明から。皆さんは工場なんかによくある、あの丸い球体に見覚えはありませんか？

ガスタンクといって、家庭用のガスなんか

を貯めるためのモノなんですけど、あれを実際に作るのが作業員の仕事になります。

勤務時間は平日の8時から17時。スケジュールを見る限り、フツーの肉体労働者と変わりませんが、この仕事は、とにかく丁寧さを求められるんです。

なんせタンクの中身に入るのは、先ほどのガスだったり、石油や薬品といった危険物のオンパレード。少しでもタンクから漏れだせば、大惨事になりかねません。そのためか、作業自体がスローペースで行われるんです。

ここからは、実際に僕の体験談を。

まず仕事を始めた当初は、タンクの建設に直接関わることはなく、センパイ作業員に言われた資材を、トラックからただ持っていくだけの簡単な作業でした。しかも現場の流れはゆったりしてるもんですから、ヒマなときはボーっと突っ立っていても何も言われません。

もちろん月日を追うごとに、色々と仕事も覚えていかなければならないわけですが、とにかく説明が丁寧でした。ネジ1本の締め忘れが大事故に繋がるもんですから、めちゃくちゃ念入りに教えてくれるんですね。

これまでの僕の職場といえば、「見て覚えろ」なんてわけのわからんことを言われて、間違えたら怒られるようなトコばかりでしたから、ここは落ち着いて覚えられました。

ただ、実際の作業になると、タンクが高くなるにつれ、足場も高くなっていくわけですから、さすがにビビります。といっても命綱があるから死ぬことはないし、スピードより丁寧さを求められるので、マイペースに作業できるんですよね。

こういう仕事だからか、職場の同僚にもヤンキーがいないので、内気な僕でもすぐに馴染めましたし、5年目にして手取りで30万（額面36万円）は貰えているので、まったく不満はありません。

ただ、この手のタンクはド田舎にあることが多いので、出張もしょっちゅうです。その場合、会社が借り上げたアパートに2～3カ月ほど住まないといけないんですけど、ド田舎だから何もありません。会社の車も資材を運んでいるから、夜に勝手に乗り回すことはできないし、フーゾクなんか夢のまた夢です。徒歩で30分ほどかけてコンビニに行くこともザラにあるので、プライベートを重視する方には、あまりオススメできないかと…。

最後に、僕はたまたま知り合いの紹介でこの仕事を始めましたが、求人広告にも、この手のタンク作業員の募集はいくつかあります。興味があれば、一度のぞいてみてください。（神奈川・35才）

さびれたホテルのキッチン

レンチン料理を出すだけだから猿でも出来る

給料（勤続2年）
25万円

こんなあなたにオススメ
黙々と作業するのが好きな人

実はあまり知られてませんが、ホテルのキッチンはけっこう狙い目です。

こういう場所のキッチンって、調理師免許がないと雇ってくれないのでは？ そう思う方も多いかと思いますが、安心してください。なにもホテルといっても、いかにも高級そうなトコロだけではありません。

地方なんかによくある、少し寂れた、昭和に建てたんだろうなってホテルあるじゃないですか？ 団体客やら免許合宿生が泊まるような。

ああいうトコロって、客の単価より人数で

勝負しているので、たいていの場合、バイキング形式を取ってるんですよ。

当然、キッチンの人数も多くないといけないわけだから、基本的に調理師免許を持っているのは料理長くらいなもんで、他の社員はシロートばかりなんです。ま、考えてみれば、バイキングの大半はテキトーにレンチンやら、油の中に突っ込めばできる料理ばかりですから、わざわざ料理人を雇う必要もないんでしょう。

かくいう私も、こうしてホテルのキッチンで働くまでは、まともに料理なんて作ったことすらありませんでした。

それでも下っ端の社員がやることといえば、野菜を切ったり、簡単な揚げ物やスープを作るくらいなので、一度教われればサルでもできそうなことばかりです。

誰がどの料理を担当するかも、一日のスケジュール表で全て決まっているので、ムダな会話も一切ないし、無

心で仕事したい人には天職でしょう。

ただし、一つ注意が必要なのが、バイキング前の1時間だけは、料理のスピード感がシビアな点です。いくら安くてショボいホテルだからといって料理が冷めていてはクレームは避けられません。

そのためバイキング開始に合わせ、アツアツの状態で料理を提供する必要があるため、この1時間が勝負になるのです。

とはいえ、バイキングが始まりさえすれば、ほぼ休憩時間のようなものです。キッチンがやることといえば、空になった皿に、また同じ料理を作るくらいなので、まかないを食ったり、スマホをイジッたりして時間をつぶす感じですかね。

バイキング後は、テキトーに皿を洗った

ら帰れるので、シフトでは8時間勤務になりますが、実際に働くのは4時間くらいでしょうか。

にも関わらず、25万は確実にもらえるので、ライフワークバランスを考えれば、かなりの高給かと。ま、早番のシフトの際は、朝5時には出社しなければいけないので、それさえガマンできれば、かなりオススメできます。

求人サイトにも募集は出てますが、中にはホームページにしか求人を乗せていないホテルもあるので、ぜひ探してみてください。（静岡・37才）

解体工

やたらと人が死ぬけど中卒でも稼げる

給料（勤続**2**年）

32万5千円

こんなあなたにオススメ

中卒、ヤクザ気質な職場がイヤじゃない、体力に自信がある

ハローワークで仕事を紹介してもらうとき、俺はスタッフにこんな注文をつけた。

「中卒で入れて、しかも給料のいい会社ってある？」

で、勧められたのが解体工の仕事だった。

気に入った理由は、建物をぶっ壊すというシンプルな仕事内容と日給1万3千円という額だ。おまけに正社員採用にもかかわらず、給料は日払いでもらえるってんだから最高だろう。

もっとも、その分、仕事はつねに危険と隣り合わせ、シンドさもかなりのものだ。

解体工の仕事はビルをまるまる1棟解体することもあれば、改修工事や耐震工事にともない一部だけを解体することもある。窓枠の設置工事や配電工事を行うために、建築中の建物の壁に穴を開けたりするのも仕事のひとつだ。

そんななか、コンクリ壁の倒壊に巻き込まれ下敷きになったり、高所から転落したりなんてことがよくあるのだ。

事実、俺のかつての同僚もひとり、仕事中に不慮の事故で命を落としている。解体工事中の死亡事故発生率は、建設工事の4倍ほど高いと言われているらしいが、俺にいわせれば納得の数字だ。

仕事の過酷さに目を向けると、真っ先に浮かぶのは新人のころによくやらされるガラ運びだ。

重さ20、30キロもある廃材入りの袋を、ビル上階から地上のトラックへ延々と運び続けるのだ。エレベータはすでに撤去済みのため、自力で担がなければならない。現場によっては500個近い袋をたった1人で受け持つのだから、どれほどの筋肉痛に襲われるか想像がつくだろう。ひかえめに言っても地獄だ。

解体工の勤務時間は朝8時から夕方5時が基本だが、夜勤の現場に駆り出されることも珍しくない。

同じ日に日勤と夜勤が重なることを二人工といって日給は倍になるのだが、ツラさで言えば、ガラ運びに負けぬほどえぐい。睡眠時間がほとんど取れないからだ。先ほど死

んだ同僚のことに触れたが、彼は3日連続で二人工をやった結果、ビルから転落している。寝不足で意識が朦朧とし、足を踏み外してしまったのは明らかだ。

前科者がやたらと多いのも解体工という世界の大きな特徴だ。元ヤクザや元殺人犯など、とんでもなく気の荒い連中が普通にウロウロしているため、ヘタに怒らせると文字通り、命を奪われかねない。とにかく、いろんな意味でタフな仕事なのだ。（千葉・44才）

住み込み居酒屋

客席に泊まって稼ぎまくる激安居酒屋グループ

給料（勤続3年）

40万円

こんなあなたにオススメ

体力に自信がある

3年前。地元の友人から、こんな誘いを受けました。

「都内で稼げる居酒屋があるんだけど、一緒にやらない？」

時給は1500円。でも店まで電車だと1時間半ほどかかります。悩んだ末、お試しでやることに。

実際に足を運ぶと、そこは繁華街の中にある、3階建ての激安居酒屋でした。生ビールが200円もしないのです。

外観は料亭風と言うか、奥に座敷があるような、会社の忘年会で使われそうな感じです。

都内で何店もチェーン展開しているグループのようです。

営業時間は夕方の5時から朝の4時。給料は手渡しってとこが、なんだか怪しさ満点です。

仕事内容は、ヨソの居酒屋と変わりません。僕はホールとして雇われたんですけど、酒を作ったり、食べ物を運んだり、注文を取ったりと、まぁ誰でもできそうなことばかりです。

閉店後は床や机を拭いて、ビールサーバーを締めれば終わり。で、まかないを食っていると、一人の先輩アルバイトが言いました。

「じゃあ俺、そろそろ寝るわ〜」

向かった先は、キッチンの奥。なんと布団を取り出し、2階の客席に上がっていったのです。

恐るおそるついていくと、座敷の上にはいくつもの布団が。そうです、ここのバイトはみんな客

席で泊ってるんです。

わざわざ帰る必要ないじゃん。俺もここで寝泊まりしよっと。

それからは、仕事が終われば、店の中で寝る毎日。週6でシフトに入れてもらえるので、給料は月に40万ほど。とっぱらいなので税金も引かれてないし、まかない代もタダ。丸ごといただけちゃうわけです。

最後に、住み込み居酒屋の探し方のヒントを。

まず、営業時間が夕方〜深夜であることは欠かせません。

また、クレカや電子マネーに対応していない店も狙い目でしょう。この時代に現金しか取り扱ってない店は、僕の店も含めて、たいてい脱税してます。だから給料も手渡しだし、従業員の雇い方や、店のマナーもアバウトになります。

ま、あくまで居酒屋なので、ピーク時はめちゃくちゃ忙しいし、酔っぱらった客の対応もしなくてはなりません。そうしたことにノンストレ

スの方や、ある程度体力に自信のある方にはオススメです。（埼玉・33才）

食肉処理

最初はショッキングだが職人としてのやりがい大

給料（勤続6年）
30万円

こんなあなたにオススメ
自分が成長することに喜びを覚える

俺の仕事は食肉処理だ。それでピンと来なければ、牛やブタ（ときどき馬や羊も）を殺して、精肉にする業務、と言えばイメージできるだろうか。

動物を殺すといっても、別にハンマーで頭を叩き割るようなことはしない。

実際の作業は、頭部に電気ショックを与えて失神させ、頸動脈を切って失血死させるのだ。それから脚の先端を切断、アキレス腱の皮剥き、内蔵の摘出といった過程を経て、最終的に枝肉の状態にするわけだ。

枝肉とは、家畜から皮、内臓、頭、四肢の

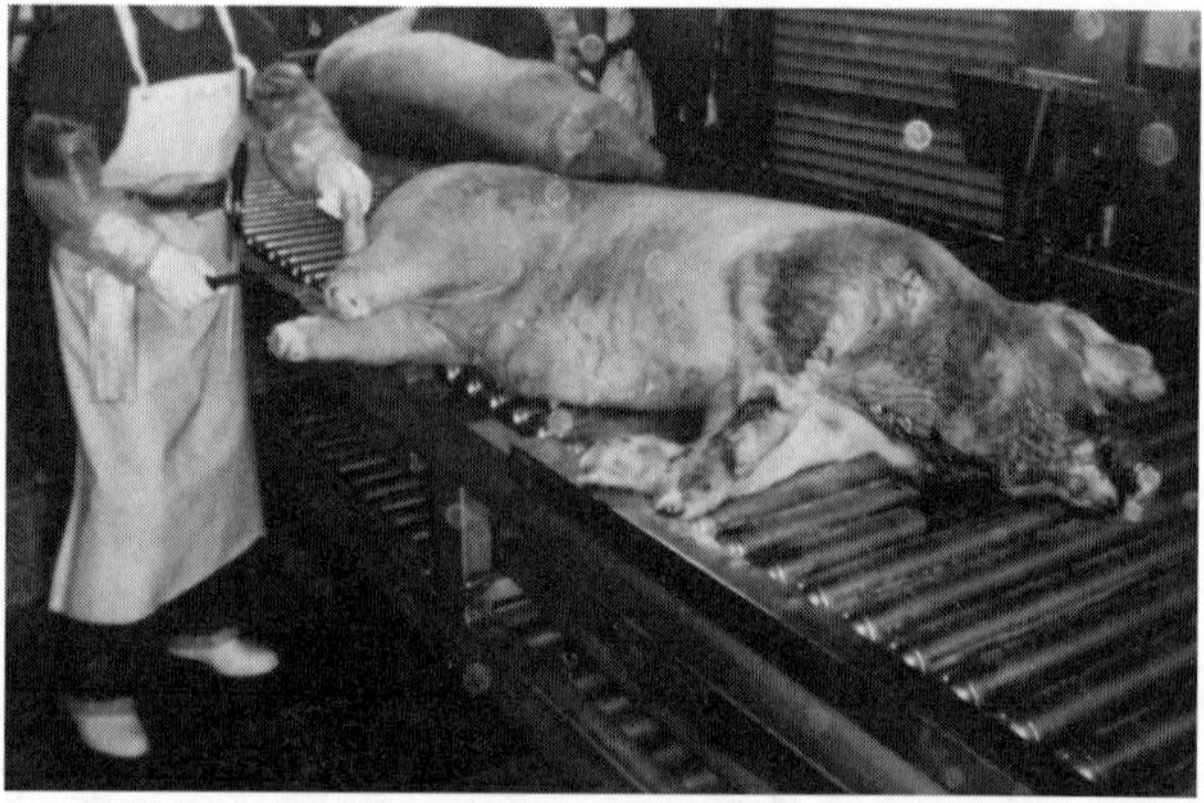

先端を取り除いた胴体部分を、背骨から2つに切り分けた状態を指す。ハリウッド映画などで、大きな冷凍庫に吊るされたサンドバックサイズの肉の塊を見たことがあるだろう。あれが枝肉である。

そこから先は加工工場の担当で、枝肉を部位ごとに大きなブロックとして切り取っていく。ブタならバラ、ロース、ももなどに、牛ならサーロイン、ミスジ、バラ（＝カルビ）などとおなじみの名称になって、市場でセリにかけられる。以上が、食肉処理場における大ざっぱな仕事の流れだ。

とにかく食肉処理場は血ナマ臭く、ショッキングな光景も目白押し。実際、俺も新人のころはむせ返るような血のニオイに吐き気を覚えたし、社食でカツ丼や焼き肉定食を食う気にはとてもなれなかった。

だが、こんなのは1週間ほどで慣れてしまう。

動物の断末魔を聞いても、返り血を顔に浴びても、いまではへっちゃらだ。

こうなると、あとはこの仕事の良い面しか見えなくなる。解体途中の動物はすべてベルトコンベアで流れてくるため、力作業とはほとんど無縁。

解体作業には職人芸的な一面も多分にあるので、自分の技術が上達していけば、そこに大きなやりがいをも感じられる。つまり、仕事が楽しくて仕方なくなるのだ。

この仕事は初任給が総じて低めだ。俺の場合も月収22万からスタートしたが、ボーナスは年2回(それぞれ給料の1カ月分)あるし、技術がアップすれば、それに見合った昇給もある。ちなみに就職から6年が過ぎた今は、月収30万円だ。

働きたい人は、求人サイトで「と畜解体」、あるいは「食肉処理」と検索してほしい。年齢不問

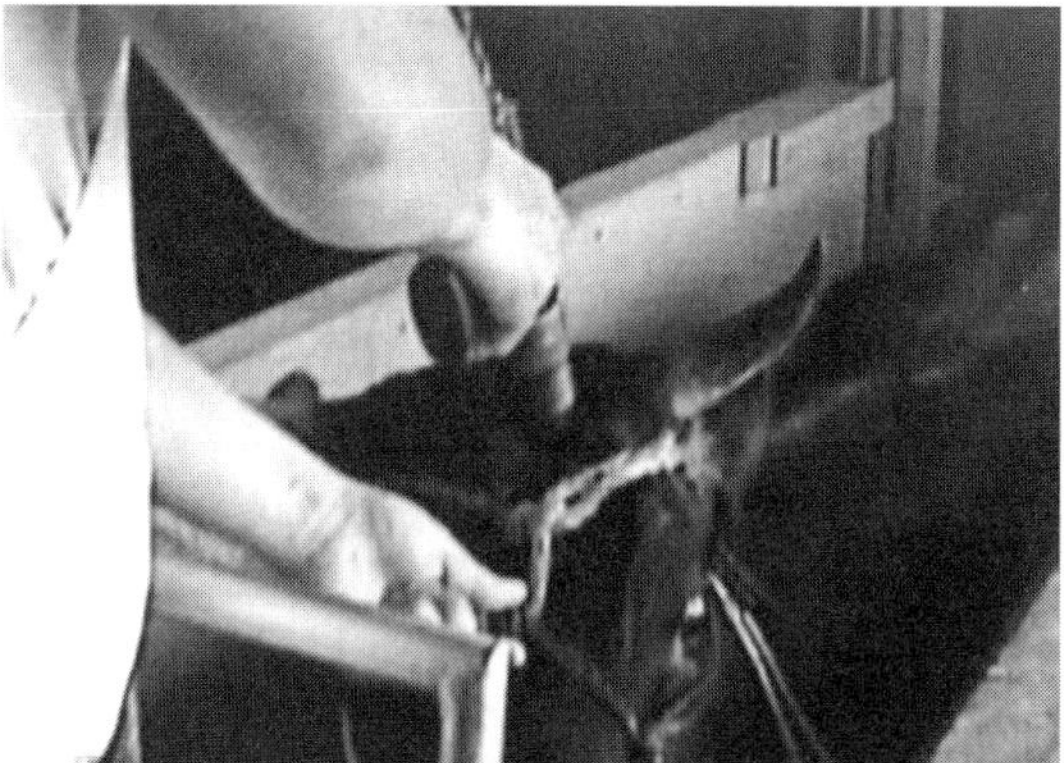

の募集がたくさん見つかるはずだ。（関東・47才）

やたらと長い残業に すべて残業代がつく!

給料（在籍当時）

36万円

こんなあなたにオススメ

プライベートよりも
仕事を優先できる

港湾労働

港湾荷役作業員をやろうと思ったのは、プータローだったころに、知人からススメられたからです。給料が良いし、肉体労働だからお前に向いてるよと。僕、その前は大工をやってたんで。

それで雑誌で見つけた求人に応募したら、あっさり採用になりました。会社側はフォークリフトの免許や玉掛け（クレーンのフックに建材や重い荷などを引っ掛ける作業）の資格を持ってる人間が欲しかったらしいんですけど、応募してきた中に、該当者がいなかったみたいで。

だから、フォーク免許や玉掛けの資格は、入社後に取得。費用の半分を会社が負担してくれたので、自腹はたしか2万ちょっとで済んだのかな。

ちなみに、俺みたいに無免許、無資格のまま業界に入ってくるやつは多いみたいです。あまり人のやりたがらない仕事だから、求人を出しても人が集まらないのかも。

簡単に言うと、港湾荷役ってのは、港に停泊している貨物船に荷物を積み込んだり、反対に船倉から陸に荷を卸したりする仕事で、これを沖荷役といいます。で、港湾荷役にはもうひとつ、沿岸荷役といって、港の倉庫のようなところで働く仕事もあるんですが、作業内容は、荷物の積み下ろしという意味において沖荷役とほとんど変わりません。

フォーク免許や玉掛けの資格がないときは、人力で荷物を運びます。これがクソ重いのなんの。ひと袋50

キロくらいは余裕であるので、マジで腰がイカレそうになります。ま、フォークが使えるようになれば、一気にラクになるんですけど。

むしろこの仕事のもっともダークな点は、残業時間の長さです。

沖荷役の場合、船が来ないと仕事にならないのですが、航空機と違って、予定どおり到着しないケースがほとんどなのです。

まず2、3時間の遅れは当たり前。ひどい場合は5、6時間現れないこともあるので、その間、ひたすら現場で待機していなければならないのです。そうなれば当然、夜中に作業するハメに。こんな調子ですから、プライベートな予定など立てられたものじゃありません。

とはいえ、残業の多さには利点も。そう、支給される残業代がハンパないのです。なんせ月に100時間ほど残業し、それが全額支給されるため、約15万が基本給21万に上乗せされるのです。だから収入は常に30万オーバー。これが

本当にオイシかった！

体を壊したため、すでに4年前に港湾荷役の仕事は辞めているのですが、体調が戻れば、また復帰したいくらいです。（神奈川・50才）

マグロ漁船

肉体はめちゃキツイが日本に戻れば約400万円が

給料

394万円(10カ月分)

こんなあなたにオススメ

三半規管が強い、カネがあればあるだけ使ってしまう、ヒマに耐えられる、体力がある

10年前、約1年ほど遠洋マグロ漁船に乗っていたことがある。きっかけはギャンブルの借金だ。

地元、気仙沼漁港に行き、「マグロ漁船に乗りたい」と直談判したところ、ギリギリ採用されることに。というのも、当時俺は35才だったのだが、遠洋マグロ漁船に乗れる上限年齢がまさに35才だったのだ。

ちなみに漁業関係者の知人に聞いたところ、現在もこのルールは適用されているらしい。ただ、近海マグロ漁船に限るなら、40代や50代でもOKなんだとか。

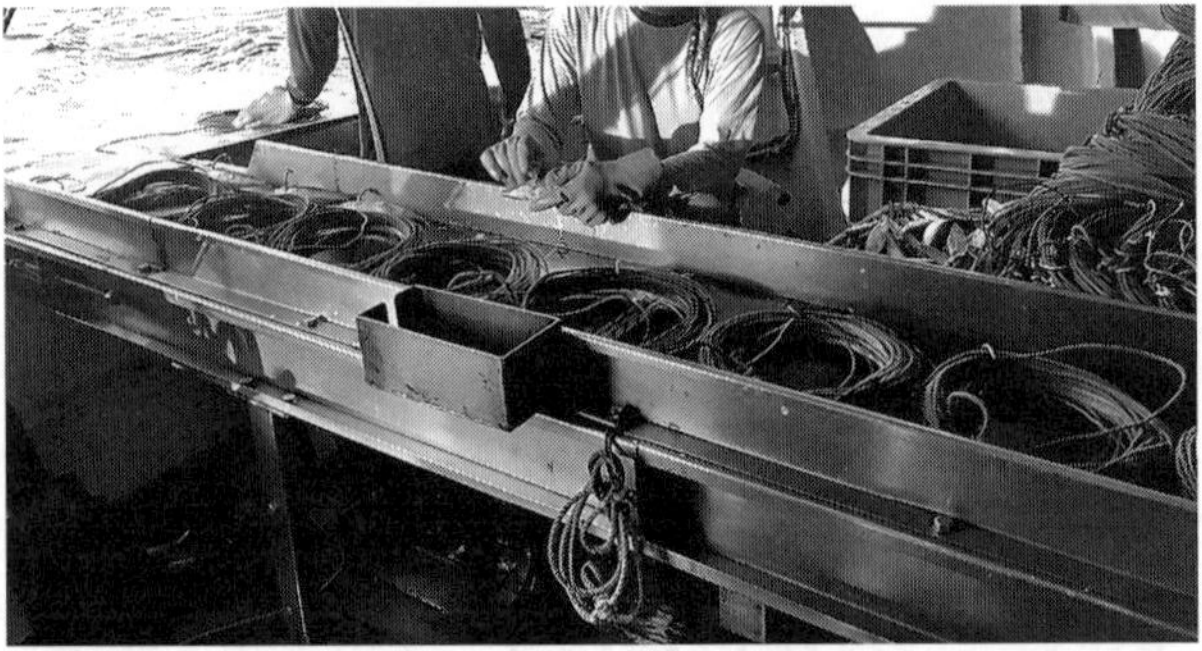

遠洋マグロ漁船の行き先は赤道付近のインド洋で（船によっては大西洋のことも）、そこに到着するまでの2週間は特にやることがない。夜まで寝ていようが何をしようが自由だ。

が、漁場に到着した途端、一気に忙しくなる。まずは早朝4時から始まる投縄。手のひら大の釣り針に小魚をつけたものを海に投げ込んでいく作業で、これが4時間、延々と続く。

投縄が完了した数時間後（正午ごろ）には揚縄がスタート。先ほど投げた縄をどでかい電動リールで引っ張るのだが、その動きに合わせて船員たちも両手で縄を引き揚げるのだ。そして、見事マグロが針にかかっていたときの高揚感はヤバい。船中に雄叫びが走る。

揚縄作業はだいたい深夜1時ごろまでかかる。もちろんその間、休憩は複数回あるし、食事時間だって与えられるものの、それぞれ5分ずつと極端に短い。作業が終了するころにはフラフラだ。

船員は2班に分かれて1日交代で投縄を行うので、翌朝は比較的ゆっくり過ごせるが、揚縄は全員参加だ。こんなサイクルで働いていれば、やはり疲労とストレスはソートー蓄積する。

そんな暗い気分を晴れさせるには、女を抱くのが一番だ。マグロ漁船は3カ月に一度、外国の港に3日ほど停泊する。その際、船員たちは待ってましたとばかりに売春宿へ駆け込むのだ。このとき味わった解放感と興奮はいまだに忘れられない。

いつまでたっても船酔いに悩まされるし、大ケガする可能性も常にある、さらに夜の海に転落すればほぼ確実に死ぬのだが、そういったことを考慮しても、マグロ漁船に乗った価値はあった。日本に帰国して約400万の給料を見たとき、心の底から俺はそう思えたのだ。（宮城・45才）

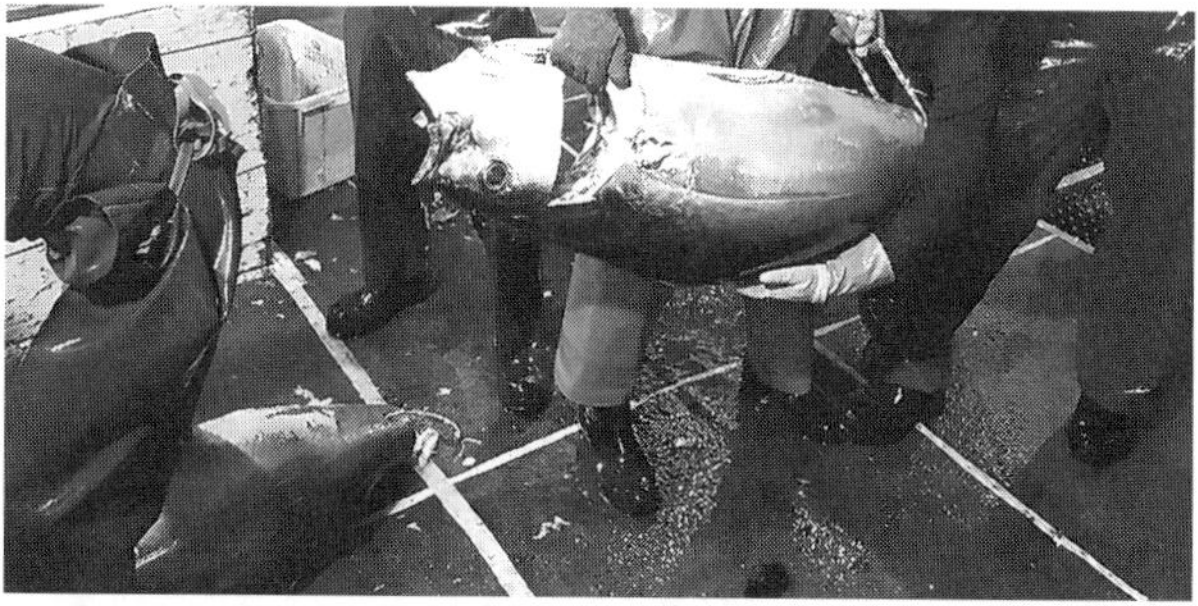

冷凍倉庫作業

寒暖差がめちゃくちゃなだけにやっぱり給料はいい

給料（勤続**3**年）

36万円

こんなあなたにオススメ

めちゃくちゃ健康な体を持っている

数年前、私が冷凍倉庫で働き始めたのは、単純に日給1万2千という額に惹かれたからです。

最初はバイトで採用されたのですが、1年後、正社員として迎えられることになりました。おそらく、〝1年も〟バイトが続いたから会社に認められたのでしょう、こいつは骨のあるやつだと。

それほどまでに冷凍倉庫の労働環境は過酷なのです。なんせ、始業直後の10分でバイトがバックレるほどですし。

そもそも冷凍倉庫とは、物流会社が運営し

ており、アイスや冷凍食品、加工食品などを一時的に保管、その後、スーパーや飲食店に配送するいわば中継基地のような場所です。

作業員の仕事内容も非常にシンプルで、倉庫内で必要な品をピックアップしたり、仕分けしたりするだけなのです。

では何がそんなに過酷なのか。ずばり、マイナス25度の冷気に他なりません。

いきなりそんなことを言われてもピンと来ないかもしれませんが、家庭用冷凍庫がだいたいマイナス15度くらいで、あれよりさらに10度も低い環境なのです。日本国内の自然界でマイナス25度を経験することはまずありません。極寒と呼ばれる北海道の冬の夜でさえ、せいぜいマイナス10度前後なのですから。

もちろん倉庫に入るときは、フード付きの

防寒コートを着込むし、ズボンは内側が綿でもこもこになったものを履く。靴下や手袋にいたっては2枚重ねが基本です。

さらに倉庫内での作業は1回につきマックスで45分と制限されており、そのつど15分の休憩が与えられます。

しかし、そこまでやってもキツイのです。仮に45分間、倉庫内でフルに作業した場合、指先が引きちぎれそうになります。比喩でもなんでもなく、本当にカチカチに固まって、力を加えるとポキっと折れそうになるのです。

もっといえば、倉庫に足を踏み入れたその瞬間から衝撃がやってきます。まず鼻先に激痛が走り、それから数十秒遅れて全身に寒気が襲ってくるような…。

気温が30度を超えるような夏場では、さらに過酷さが増します。倉庫との温度差が55度以上にもなるため、体調がめちゃくちゃになり、簡単に風邪を引いてしまうのです。

冷凍倉庫で働くようになってから、私は20キロ体重が減りました。ダイエットなどしていません。自然（？）に痩せていったのです。もちろん、こうした体の異変の原因が冷凍倉庫だという確証はどこにもありませんが…。

そこそこ給料がいいだけに（3年目の現在は月36万）、辞めるに辞められないというのが正直なところです。（神奈川・45才）

下水道清掃

小銭を拾えるし、匂い以外はラクショー

給料（勤続5年）

25万円

こんなあなたにオススメ

臭いに動じない

高校を卒業した後、ロクに定職にも就かぬまま時は流れ、気づけば35才。これはマズい。ネットで求人を探しますが、どこもある程度の職歴や資格は必要だし、キツい肉体労働はちょっとな…。

かくしてたどり着いたのが、下水道清掃でした。名前からもおわかりの通り、マンホールの下に降りて、下水道にたまったヘドロを掃除する仕事です。

月給は25万。これまでロクな職歴のない僕にとっては、十分すぎる金額だし、仕事内容も至ってシンプルです。

基本的に日勤と夜勤のシフト制で、清掃を行うのは5人ほど。決まったルートを巡回して、ヘドロが見つかれば、掃除していく感じです。

まぁ、慣れてくればラクショーなんですけど、実はいくつか問題がございまして…。

もしかしたらお気づきの方も多いかとは思いますが、マンホールの中って死ぬほど臭いんです。

なんせ下水道を通るのは、工場や一般家庭から出た生活排水。つまりウンコなんかの排泄物もガンガン流れてくるんです。

初めてマンホールの中に降りたときなんて、あまりの臭さに卒倒しかけました。

でもこんなのは序の口でして、実は下水道の作業中に、有毒ガスを吸い込んで死亡する事故も少なくないんです。

というのも、マンホールを降りる場合は、事前に中の空気濃度のチェックが必須になるんですけど、現場では面倒くさがってすっ飛ばすことも多くて…。

幸い、僕はそういった現場には立ち会ってないんですが、いつもビビりながらマンホールに入ってます。

最後に、少しだけ耳寄りな情報を。

下水道には排水溝から入ってくる雨水も流れているので、ヘドロの中には、けっこう硬貨が隠れているんです。手を突っ込めば10分ほどで2〜3千円ほどは集まりますね。

ま、気になった人はぜひ、求人サイトを覗いてみてください。（東京・40才）

荷揚げ

パワーだけで50万稼ぐガテン系の代表格

給料（勤続6年）
50万円

こんなあなたにオススメ
体力に自信がある

最初に断っておくが、俺はドの付くアホだ。高校も勉強に付いていけず退学したし、大工やとび職といった職人もあきらめた。脳ミソが空っぽで、体だけは丈夫。そんな俺が行き着いたのが、荷揚げ屋という仕事だ。

皆さんもご存知だとは思うが、ビルやマンションといった建設現場では、ある程度の骨組みを大工が作った後、内装業者が床や壁を取り付けるのが一般的だ。

で、ここで登場するのが荷揚げ屋だ。つまり内装業者に変わって、石膏ボードなんかの資材を運びこむってわけだ。

給与体系は以下の通り。
▼朝〜夕方の現場＝1万2千円
▼朝〜昼の現場＝9千円
▼朝〜昼、昼〜夕方で2つの現場＝1万4千円
▼夜勤＝1万9千円

基本的に日給制で、1つの現場をこなすごとに給料が上乗せされていく。そのため自己判断でその日の業務量を設定できるのだ。

資材を運ぶだけなのに、やけに給料が高いな。そう思った方も多いかと思うが、理由はもちろん、この仕事の過酷さに他ならない。

俺たちが運ぶモノとして、石膏ボードなどがメインとなるが、これが1枚につき15キロ。

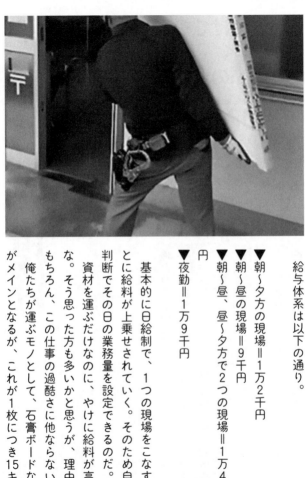

最低でも4枚づつ運ばないと時間内に終わらないため、1度に60キロの荷物を担ぐことになるのだ。

そもそも荷揚げ屋は、この手のガテン系の中でも、キツイ仕事の代表格。バカ重い資材を何百枚と運んでいくこともザラにあるし、現場によっては資材を持ったまま、何十階の先まで階段を登っていくこともある。

では、どうしてこんな仕事をやっているのかと聞かれれば、「頭が空っぽでもできる」という点に尽きる。

冒頭でも断っておいたとおり、俺はドの付くアホだ。どんな仕事もある程度は考える作業が必要になるものだが、荷揚げ屋は資材を運ぶだけ。ただパワーさえあればいいのだ。

とはいっても、この仕事に就いた当初は、ひ

とつ現場を終えただけで、翌日は激しい筋肉痛に襲われていた。

しかし、現場をこなしていくうちに体も慣れてきて、今では1日に3件の現場もこなせるように。現在では、月50万ほど稼げるようになった。

ガテン系の求人には、この手の仕事はいくらでも載っているので、キョーミがある方はぜひ探してみてほしい。（千葉・38才）

きつい単純作業でも金だけは溜まっていく

給料（勤続10年）

30万円

こんなあなたにオススメ

体力に自信がある
一人で作業するのが好き

期間工

期間工といえば、底辺のブラックといった印象を持つ方も少なくないでしょう。

事実、一定期間だけ工場でコキ使われたら、後はポイっと切られるわけですから、安定した職業ではありません。

それでも金銭面の話となれば、話は別です。なんせ月に25万ほどは手取りでもらえますし（額面は30万ほど）、最長3年の契約期間中は、家賃無料の寮にも住めちゃいます。

半年ごとの契約更新に従い、満了金として9万円のボーナスも支給されるので、金だけは貯まっていくんですよ。

で、仕事内容は、クルマやバイクの組み立てがメインって感じです。ボルトを締めたり、部品を組み立てたり、まぁ誰でもできるような単純作業ばかりです。

へぇ、意外と悪くないじゃん。一見、そう思ってしまいますが、この期間工という仕事には、大きな落とし穴が隠されています。

まず単純作業といっても、けっこうなスピードで動くライン上での作業なので、1秒たりとも気が抜けません。

うっかりミスしてラインを止めようものなら、周りからは白い目で見られるし、班長からは怒声が飛んでくるハメになります。

また、1日中ひたすら同じことを繰り返すので、1分が5分や10分にも感じられるわけです。

ボルトを打っても、パーツを取り付けても、時計だけは動かない。これを7時間。本当にイヤになります。

で、僕自身、何年か期間工を続けた後、正社員の面接にも足を運びました。もうこんなキツイ仕事とはオサラバしようって。

でもまぁ、とにかく受からない。期間工の仕事って、あくまでライン工程のひとつでしかないので、職歴としてはまったく評価されないんですよね。

結局、僕は期間工を10年ほど続けています。ま、金だけは貯められるので、割り切って働ける人には悪くない仕事だと思いますよ。（愛知・42才）

単純作業が苦手じゃないならかなりオススメです

給料（勤続5年）

20万円

こんなあなたにオススメ

一人で作業するのが好き

パン工場の夜勤

頭が悪くて、体力にも自信がない。そんな僕が始めたのが、山崎パン工場での夜勤バイトでした。

ここを選んだ理由は、時給の良さに他なりません。なんせ夜の８時から朝の５時までで、給料は１万２千円。つまり時給に換算すると、１５００円。求人サイトで見つけたときは、即決でした。

実際の作業内容も、死ぬほど簡単です。パン工場というくらいだから、生地をこねたり焼いたりするかと思われますが、調理に関わることは一切ありません。

僕のようなアルバイトが扱うのは、出来上がったパンを梱包したり、移し替えたりするくらいで、アホでもできそうなことばかり。

具体的に言いますと、ベルトコンベアから流れてくる食パンを、隣のレーンに移動させたり、パック詰めされた菓子パンを、空気が漏れてないか指で押したり…。他にも腐るほどどこんな作業はあります。引くほど簡単です。

ま、単純作業ゆえに、意識しないうちに小さなミスも起こりまして…。

というのも、ゴマをひとつまみだけパンに落とすハズが、気づかないうちに多くなってたり、パンを移動させる際に、軽く押しつぶしてしまったりってことが多々あるんです。

でも安心してください。誰かに怒鳴られる心配はありません。おそらく社員の皆さんも、バイトには叱責しない教育になっているんでしょう。ミスをしても一切怒られることなく、配置転換してもらえるので、非常に助かっております。

また休憩時間は、形が悪くなったり、印字をミスったパンが食べ放題なのもポイントが高いですね。リクライニングチェアまで完備されてるので、いつもパンを持って行って、リラックスしながら過ごしています。

ま、ここまで良いところばかり取り上げてきましたが、実はキツイこともいくつかあります。

先ほども書いたとおり、このバイトは単純作業ばかりです。そのためあり得ないほど時の流れが遅いもんで、「少な目に見積もっても1時間は経っただろうな～」なんて時計を見ても、20分しか進んでないこともザラにあります。

で、ここからはテクニックの話になるんです

けど、作業中は必ずリズムを刻むようにしてます。

例えばパンの袋を押して空気漏れを確認する際は、トントントンの三拍子。これを何も考えず、一定のリズムで身体を動かすうちに、脳がトランス状態になって、時間の経過が早く感じるんですね。

ただ、集中できない日もあるので、そのときはひたすら太陽が昇るのを待つしかありませんが…。

今では週に4日。給料にして20万ほどもらえているので、単純作業が苦手じゃなければ、なかなかオススメです。（神奈川・38才）

ウーバーイーツ

好きな時間に働ける自由さはやっぱりデカイ

給料（勤続2年）

20万円

こんなあなたにオススメ

体力に自信がある
一人で作業するのが好き

ここ最近、急速な盛り上がりを見せているのは、ウーバーイーツではないでしょうか。

ウーバーイーツとは、スマホの専用アプリから注文できる、デリバリーサービスのことです。で、その配達員の仕事が、最近なにかと人気でして。

ほら、都市部に住んでいる方なら、「Uber Eats」というロゴのリュックを背負ったチャリンコ乗りを見たことはありませんか？　あれが配達員です。

俺もかれこれ2年ほど続けているんですけど、人気の理由はずばり、好きな時間に好き

なだけ働けるからでしょう。

配達員の給料は、時給制ではなく、注文客へのデリバリーをこなす度に発生する成果報酬型。つまり、商品を運べば運ぶほど、給料も上がっていくわけです。

配達1回にもらえる金額は、およそ300円。そこに距離に応じて、報酬金がプラスされていく感じです。

例えば、配達距離が1キロだった場合は、合計の報酬は400円ほどにしかなりません。そのため配達員は、できるだけ長距離を運んで、一回のデリバリーで多くの金を稼ごうとするわけです。

でも、正直何キロも国道を走ったり、坂を登るのは堪えます。そこで俺は、マックなんかのファストフード店に狙いを絞ることにしてます。

なんせこの手のチェーン店は、配達依頼の頻度が多く、かつ届け先の客も近場に住んでいることが多いんです。そのためピーク時には、1時間に4、5件ほどさばけるし、距離が近いから疲れることもありません。これでも昼や夜メシ時に狙いを定めれば、1日に7～8千円ほど稼げます。

配達員には、所定の書類（身分証など）を申し込みサイトにアップし、最寄りの説明会に参加さえすれば誰でもなれます。面接や履歴書の提出は一切ないので、キョーミのある方はぜひやってみてください。（東京・39才）

デリバリープロバイダ

巣ごもり需要で給料は上がる一方

給料（勤続3年）

25〜40万円

こんなあなたにオススメ

体力に自信がある
一人で作業するのが好き

デリバリープロバイダ（以下デリプロ）とは、アマゾンの荷物を配達する中小の運送屋のことです。具体的には、日本郵政・クロネコ・佐川急便の大手3社以外の運送会社を、総称してデリプロと呼ぶ感じですね。

ざっくりとした仕事の流れを説明しますと、まず朝7時に配送センターに向かい、おなじみのアマゾンのスマイルロゴが描かれた、段ボールを積んでいきます。で、これを午前指定・午後指定に分けて配達するだけです。ま、シンプルですよね。

給与システムは、主に2種類。固定制の場

合は、どれだけ運ぼうが日給は1万5千円。歩合制の場合は、荷物を運ぶごとに150円。各々に振り分けられる荷物の量はさほど変わらないし、1日に100〜130個ほどは運ぶので、歩合制にしている方がほとんどです。月給は、額面で30〜35万ほどにはなるでしょうか。最近は巣ごもり需要で、45万ほどにまで伸びています。

でも実は、この給与システムにはカラクリがありまして…。

というのも、あくまでデリプロは業務委託契約。社員ではないんです。そのためガソリン代・保険などの経費は全てこっち持ち。結局、月に30万稼いでも、差し引き20万ほどしか残らないんです。

また、1日に100〜130個ほどの荷物

を運ばなければならないので、バカ正直に一軒ずつ回っていたら、とてもじゃないけど終わりません。

だから僕を含むデリプロのドライバーは、郵便ポストの後ろから荷物をねじ込んだり、訪問してないのに不在表を入れたりと、荒技を使って配り切ってます。

それでもデリプロは面接なしでも即採用されるような仕事なので、気になった人は求人サイトで探してみてください。（東京・35才）

潜入ルポ
経験学歴不問の職場で働いてみた

2024年3月26日　第1刷発行

著者　野村竜二
発行者　尾形誠規
編集人　平林和史
デザイン　+iNNOVAT!ON
発行所　株式会社　鉄人社
〒162-0801
東京都新宿区山吹町332 オフィス87ビル3F
TEL:03-3528-9801 FAX:03-3528-9802
http://tetsujinsya.co.jp/

印刷・製本　株式会社シナノ

ISBN978-4-86537-273-1　C0136

本書は「潜入ルポ 経験学歴不問の職場で働いてみた」(2022年、小社刊)を加筆、修正、再編集し文庫化したものです。